बात है मुख़्तस

(काव्य सं

मीना कौशल

डायमंड बुक्स

www.diamondbooks.in

प्रकाशक : डायमंड पॉकेट बुक्स (प्रा.) लि.
X-30, ओखला इंडस्ट्रियल एरिया, फेज-II
नई दिल्ली-110020
फोन : 011-40712200
ई-मेल : wecare@diamondbooks.in
वेबसाइट : www.diamondbooks.in
संस्करण : 2025

Baat Hai Mukhtsar Si... (Kavya Sangrah)
by : *Meena Kaushal*

भूमिका

बात है मुख़्तसर सी...बात है तो मुख़्तसर सी ही होनी चाहिए क्योंकि यदि बड़ी हो जाएगी तो बतंगड़ न बन जाएगी।अतः इस काव्य संग्रह में लगभग एक सौ तीस कविताएं हैं। प्रस्तुत पुस्तक में कई विषयों पर कविताएं हैं चाहे प्रकृति सौंदर्य हो, मातृ महिमा हो, स्त्री विमर्श हो परिवार समाज हो, प्रेम विरह हो जीवन दर्शन हो आदि आदि जैसे कई प्रासंगिक विषयों पर ज्वलंत कविताएं हैं। इतना ही नहीं इस काव्य संग्रह में गीत,ग़ज़ल,नज्म,शेर, आदि भी संकलित हैं। इसके अतिरिक्त कुछ अंग्रेजी कविताओं और कुछ कोट्स को भी पुस्तक में स्थान दिया गया है। मेरा मानना है कि हर पाठक को इसमें अपने लिए कुछ ना कुछ अवश्य मिल जाएगा।

कविता, कहानी, शे'र, नज्म,गीत गज़ल सभी रचनाकार की भावनाओं को व्यक्त करने का जरिया हैं। सबका अलग-अलग महत्व है।जहां कहानी पाठक को अपने कद के अनुसार एक सफर पर ले चलती है और मंजिल तक पहुंचती है वहीं कविता कुछ ही पलों की साथी होती है जो रुक-रुक कर सफर के हसीन नजारों से रूबरू कराती है। कहानी में रोमांच होता है।पाठक को उन्हें पढ़ने की बहुत उत्सुकता और भूख सी होती है मगर कहानी के खत्म होते ही अक्सर उसका आकर्षण भुला दिया जाता है। इसके ठीक उलट कविताएं/गज़ल पाठक के अंतर्मन की प्यास हैं। मधु का प्याला हैं जिसका ख़ुमार घूंट दर घूंट चढ़ता है। पाठकों से आग्रह है की पुस्तक को समाप्त करने के उद्देश्य से ना उठाएं और एक समय में एक या दो कविताएं ही पढ़ें। मेरी नजर में गज़ल या कविता कम शब्दों की होने के बावजूद भी पाठक के जहनो ज़ुबान पर सालों साल रहती हैं। शेर/कोट्स मायनो में गज़ल/कविता से भी भारी होते हैं। जितने कम शब्द

उतना अधिक प्रभाव जैसे कोई बड़ी गहरी बात चंद लफ्जों में कह दी गई हो.. जैसे कोई इशारा भर हो। बहरहाल शीर्षक "बात है मुख़्तसर सी" के बाद पूर्ण विराम नहीं है। शायद जिंदगी में कुछ कहने सुनने गुंजाइश सदा बनी रहती है।

सादर समीक्षार्थ

अनुक्रम

परिवार / रिश्ते

प्रेम और विरह

समाज

प्रेरणा

मेरे आराध्य

अहसास

ग़ज़ल, नज़्म, गीत

कल्पातीत

एकांत

कटाक्ष / व्यंग्य

देश प्रेम

जीवन दर्शन

बेज़ुबान भी बोलते हैं

हास्य / बाल रस

कोरोना काल

एसिड अटैक

छोटी कविताएं

ENGLISH POEMS

प्रकृति सौंदर्य

बैरी बदरा

घनश्याम, श्याम सम ना बनियो
निरे निर्मोही हो मुंह ना फेर लीजो

ना बिरहन की अंखियन से बहियो
प्रीतम से हाल हिय के सब कह दीजो

पथिक पराए पल भर थम जइयो
बन घटा, घनघोर, घन उत्सव कीजो

इस बरस, बरस बन बदरा... कुछ ऐसे
सीत से तन मन प्राण तर कर दीजो

अंजुरी भर, दर-दर राशि प्रेम बहाइयो
अमृत झिका, दंश बदरा "बैरी" का धो दीजो

बादल

नभ नीरा बादल भये कारे
प्यासी धरा राह तकती
उस पर इतरावें मेघ मतवारे

पपड़ाये अधर धरती के
गया हलक तक सूख
पशु पंछी मनुज सब तड़पे
बची नमी रहा रवि चूस

रोज दिखाएं मुख अपना
घिर आएं छत आंगन में
संगी पवन के, ठेंगा दिखाएं
उड़ जाएं दूर नील गगन में

मेघदूत कालिदास के थे
कोई और, जो समझे पीड़ पराई
ना तड़प समझें, न प्यास
बंजारे बन, भये निर्मोही भी

मोह शहरों का छोड़कर
कितनों के हृदय तोड़कर
बहते चले समीर संग संग
रसिया भये पथ अपना मोड़कर
ऊंचे ऊंचे पर्वतों पर हो आसक्त
चूम चोटी को बरसे झर झर

भिगोयें नख से शिख
या कभी बैरागी बन
दीन दुनिया से होकर खिन्न
रमते घने जंगलों में
खोते खुद को, होते छिन्न भिन्न

कभी रसिया, कभी बैरागी बन फिरने वाले
पर्वतों, नदियों, जंगलों पर अस्तित्व अपना लुटाने वाले

इन कंक्रीट के जंगलों में भी रहते हैं प्रेमी जन कई
प्रेम बरखा में रास रचाने को आतुर राधा मोहन हैं कई

प्रगाढ़ पिपासा से व्याकुल, मत उनको और तरसाओ
दामिनी तड़काओ, घिरो घुमड़ घुमड़, रस खूब बरसाओ

आयो बसंत

आयो बसंत सखी री
झूमे फिरे पात पात
उर उमंग उपजी हर हिय
मगन मन मधुर गावत गात
बौराया अल्हड़ आम
बेरी फूटत जात जात

कड़ुए नीम की भी
मीठी भई निबौली
गालों गूलर भरे,
महुआ टपका हाथ हाथ

सूरज

आजकल सूरज कुछ है उखड़ा सा
दिन भर तपता रहता, अनमना सा

गुस्से में लाल पीला होता रहता
मासूम मेघों का पानी चूस लेता
बेचारी धरती को तरह-तरह सताता

हवा बेचारी रोती रहती सिसकी लेकर
नमी आंखों में लिए बढ़ाती उमस का स्तर

धरती जाती रही दूर, सूर्य से बहुत दूर
ताकि बदले मौसम, घिरें बादल, बहे बयार

वैसे भी कौन रहे ऐसे गुस्सैल के साथ
हर किसी को चाहिए सम्मान और प्यार

माँ

अजन्मे की आकांक्षा

मां तू मेरी प्यारी मां है
हां तू सबसे न्यारी मां है

ना कहूं कुछ भी गर
तो भी तू जान जाती है
पर कहूं भी तो कैसे ?
बोलना सीखा ही नहीं

अभी इतना हूं नन्हा
इतना हूं अनदेखा
तुझ में ही रहकर
तुझसे ही सांसे लेकर

बिल्कुल असहाय और मासूम
फिर भी करता हूं ममता तेरी महसूस
प्यारी मां, तू मेरी बात एक मान ले
तेरे ही अस्तित्व का विस्तार हूं मैं
बात बस तू ये जान ले

क्यों आऊं मैं इस दुनिया में?
जहां कदम रखते ही होंगे कई सवाल
कभी अजब गजब से, होंगे नए बवाल
बाहर तो कभी गर्मी कभी सर्दी कभी मानसून
पर मैं यहां गरमाइश में, मजे में और आराम से हूं

तेरी हर सांस में मेरा ही ख़्याल, मेरी ही कल्पना
हर घड़ी तेरी ही ममता, तेरा ही वात्सल्य...

नहीं जानना है कोई धर्म या सत्य मुझे
हर पल तेरे साथ ही रहना खाना और सोना है

क्योंकि इस पूरे ब्रह्मांड से भी प्यारा
मुझे अपना यह छोटा सा कोना है

माँ तू बदल गई है

माना कि तू मेरी प्यारी मां है
पर सच कहना पहले जैसी कहां है
है तो कड़वा पर सच यही है

मां तू कितनी बदल गई है

कभी मेरी अनकही तक समझने वाली
आज मेरी कही आपबीती समझती नहीं
सौ बार भी बताऊं चाहे, अपने कहे से हटती नहीं
इतना अहम कहां से आया? मेरी दुनिया दहल गई है

मां तू कितनी बदल गई है

अबोध बालक की हर जिद पूरी की तूने
सपने अपने रौंद कर हर ख्वाहिश मेरी जी तूने
मैं बालक ना रहा पर तू बूढ़ी हो गई है
आदत से हठी तू, सनकी भी हो गई है

मां तू कितनी बदल गई है

छोटा था तो कितना ख़्याल तू मेरा रखती थी
एक भी ठोकर लगती मुझे तो घर सर पर उठा रखती थी

आज रोज टूटता हूं इस दुनिया की भीड़ में
रोज कुचला जाता है आत्मसम्मान मेरा
फिर लौट आ, फिर अपनी गोद में मुझे समेट ले
दूर तेरे जाते ही, दुनिया मेरी ठहर गई है

मां तू कितनी बदल गई है

तुझे लगा मैं बड़ा हो गया हूं, खुद को संभाल लूंगा
अपने पैरों पर खड़ा हो गया हूं, हर शूल निकाल लूंगा

चाहे कितना भी बड़ा हो जाऊं तेरा बाबू ही रहूंगा
चाहे सब पा लूं संसार में, तेरी ममता का भूखा ही रहूंगा
घर अपने मुन्ने का छोड़, सितारों में बस गई है

मां तू कितनी बदल गई है

अंतिम घड़ी

और कुछ घड़ियां बची हैं पास
वो आई है मुझे ले जाने के लिए
कुछ कहूं, कुछ सुनूं, कुछ सोचूं
या फिर तैयार हो लूं जाने के लिए...

तभी वह बोली मां की गोद में
सर है तेरा, अब क्या सोचता है?
अंतिम समय है, क्या कुछ बचा है?

चाहता है फिर भी यदि तो जीवन की थाह ले...
अधिक विचार मत कर
अंतिम इच्छा यदि हो तो, मांग ले

जिसके पीछे ताउम्र भागा...
उसका क्या मोल है?
अंतिम पल में मिली मां की गोद अनमोल है
पांच वर्ष के तन में पचास बरस का दिमाग चाहता हूं
मानता हूं है कठिन किंतु
असंभव यह संभव करना चाहता हूं

मेरी मां ने कैसे मुझ पर ममता लुटाई?
किस-किस बात पर मुझे डांटा किस पे ताली बजाई
एक बार फिर से उसका, गोलू मोलू बाबू हो जाऊं
हे ईश्वर... क्यों ना मैं फिर से छोटा हो जाऊं !
सारे मोहल्ले में राजा बनकर घूमूं नए-नए दोस्त बनाऊं

गलती कोई हो जाए तो आके आंचल में उसके छुप जाऊं
बाबूजी की मार हो या पड़ोसियों की डांट,
आंचल उसका सदा अमोघ रहा है
और कुछ पल खोया रहूं कल्पना में
आखिरी सांसें गिनता एक पुत्र बोल रहा है

नम आंखें किंतु दृढ़ लहजा लिए मां बोली
साहस कैसे हुआ तेरा कि तू जीत जाए?
एक मां के आंचल से छीन के उसका पुत्र ले जाए
मां ने हाथ फेरा सर पर और बोली

चिंता मत कर बेटा, सब ठीक हो जाएगा
जुग जुग जिए लाल मेरा वचन ना खाली जाएगा

मैंने कहा मौत से, चल अब चलते हैं सब के दिन,
एक न एक दिन तो ढलते हैं
मुस्कुराकर वह बोली

अब मैं कुछ ना कर पाऊंगी
तेरी मां के आशीष के सामने
खाली हाथ ही जाऊंगी...
खाली हाथ ही जाऊंगी...

माँ

मेरी बूढ़ी अनपढ माँ
नहीं समझती नीले आसमानी में फर्क

फिर भी

मुझे बुखार होने पर दवाई के डिब्बे से
खोज लाती है क्रोसिन की टिकिया

मिचमिचाती आंखों से देख नहीं पाती
थर्मामीटर में चढती महीन मर्करी को

फिर भी

कांपती हथेली को मेरे माथे पर रखकर
जान जाती है चढते हुए बुखार की डिग्री

कान की मशीन के बिना नहीं सुन पाती
बहुओं की बातें,टीवी के नाटक, ड्रामे

फिर भी

दूजे शहर बैठ कर भी होने लगती है बेचैन
सुन लेती है हर करवट पर मेरी आहें कराहें

अच्छे बुरे सुख दुख अपने पराये में भेद जानकर
धर्म कर्म परिवार समाज व्यवहार सब जानकर

फिर भी मेरी बूढ़ी अनपढ माँ
जान समझ नहीं पाती
एक शिशु और अधेड का फर्क !

स्त्री विमर्श

मिट्टी की मैं

चांद मैं नहीं, चांदनी मैं नहीं
राग मैं नहीं, रागिनी मैं नहीं,

फूल ना कहो मुझे, मत कहो तितली
ना कहो परी मुझे, ना कहो बिजली

क्यों कहते हो मुझे गाय? क्योंकि कुछ नहीं कहती
धरती तो हूं मैं धरती सी किंतु मैं नहीं धरती

नाज़ुक बेल नहीं, ना सोने चांदी की मैं
हाड़मांस बस दिखावे भर के बनी मिट्टी की मैं

अनगढ़ सी जन्मी मैं, कच्ची मिट्टी के लौंदे सी
प्रजापति मेरा, पल पल गढ़ता मुझे, चलाता मनमर्जी

समय बीता तेरी गोद में, चहकाया तेरा आंगन
फिसलता जाता मुट्ठी से रेत सा बचपन, ले आता यौवन

तेरा स्नेह, ताप तेरा पाकर, लेकर नित नये आकार
रोता बिलखता छोड़ तुझे, आई मैं प्रीतम के द्वार

आंच में तेरी कुछ कमी थी, पकना अभी शेष था
परिपक्व हुई मैं अब जाकर, तेरी कृति का तो बस अवशेष था

तुझसे अलग, उसका स्पर्श, उसकी छुअन
वर्षा का नीर, दे धरा को चीर, तब उठती सौंधी सी गंध

प्रेम जल प्रीतम का गिरता, महकाता अंग प्रत्यंग
मिट्टी देह मेरी मदमाती, कोने-कोने भर देती सुगंध

जैसे हो क्षणभंगुर मिट्टी, छूने से चूर-चूर
भुरभुरी सी मैं, ढह जाती पाने को अंकुर

जीवन सुधा कर के आत्मसात, सींचती पोषण
फूले फले अंकुर मेरा, दीपक बन करे जग रौशन

नई पौध संसार को देकर बन जाती वत्सला मैं
तपती दिन-रात, हो जाती लौह मानिंद शिला मैं

धर्म अपना निभाकर, सौंप कर पीढ़ी रूपी अन्न
उर्वरता खो अपनी, हो जाती छिन्न भिन्न

समय सागर में कूद पड़ती, बह जाती अज्ञात दिशा में
मिट्टी की मैं, मिट्टी में मिल, मिट्टी बन जन्मूंगी हर दिशा में

कली का जीवन

जब सुनी पहली आहट मेरे आने की
न पूछा तूने मां से हां या नहीं

कितनी बार तो आने से पहले ही
रुख़सत कर दिया मुझे
फिर भी लड़ के क़िस्मत से
दे के चकमा हालातों को
खिली बन कली आंगन में तेरे

लगाता गया बंदिशें कई मुझ पर तू नित नई
चली ऐसी बयार, कली का ही हुआ शिकार
पढ़ ना सकी नीयत भंवरो की
कच्ची उम्र में ही कुचली गई

गर दैव योग से कभी बच भी पाई
देख मेरा रूप यौवन भंवें भंवरो की तनी
तुझसा ही कोई एक,
आया झोली फैलाए करने प्रेम निवेदन
मुंह फेर उससे चली तो बिगाड़ा रूप मेरा
रौंदकर पैरों तले मेरा जीवन

या फिर कभी प्यार हुआ मुझे भी भंवरे से
छोड़कर बगिया अपनी चल पड़ी संग उसके
भूल गई अपना रंग भी, रंग में रंगी उसके
लुटाती रही पराग भर भर, महकाती रही उसका ही आंगन

उड़ चली सुगंध की तरह ही करके उस पर सब अर्पण
यदि फिर मिला अवसर तो आऊंगी करने
तुझ पर ही न्यौछावर जीवन

औरत क्या चाहती है

औरत मर्द से आख़िर चाहती क्या है?
यह भला वह क्या समझ पाएगा?
जिसको उसमें सिर्फ मज़ा ही मिला है
जिसने उसे देखा है एक ही आंख से

उसके साथ सोने वाला सदा सोता ही रहा
उसे कभी सुला नहीं पाया
ना कभी उसके साथ जाग पाया

और... और वह जागती रही
सदियों से लंबी रातों तलक
इस चाह में कि एक दिन...
वह भी सोएगा, जागेगा
उसके लिए, उसके साथ...
...उसकी ज़िंदगी तलक

औरत के लिए आदमी

औरत के लिए आदमी क्या है?
एक नाम, एक पहचान या एक ज़रूरत
कोई कठिन किताब या कोई खुला ख़त
उसकी कथित सुविधाजनक ज़िंदगी की आदत
उसके बच्चों का पालनहार या उसके सर की छत

उसके माथे का सिंदूर, उसकी चार दीवारी
और उस चारदीवारी में बहुत हुआ तो मिलती है खिड़की
बाहर झांकने को... कुछ सुनने को कुछ सुनाने को
इतना भर भी पसंद नहीं उसे, करता है शिकायत
जाने और भला क्या चाहिए पहेली उलझी है बेहद
कहता है अक्सर

इसे जिसने बनाया है वह स्वयं भी समझ ना पाया
कठिन से प्रश्न गूढ़ हुआ गूढ़ से हुआ गूढ़तम
अथाह की थाह कोई कैसे भांपे
भला आसमान को फुट्टे से कौन नापे
क्योंकि आदमी ने खोजना ही नहीं चाहा उत्तर
प्रश्न को व्यंग्य बनाना ही उसे लगा बेहतर

फिर, फिरे सर वाला आता है कोई
जो जान पाता है कह पाता है
कि औरत आदमी में ढूंढती है
न सिर्फ एक छत, एक खुला आसमां भी

किसी के नाम की बंद गली नहीं
अपने हिस्से का हरा मैदान भी

नाम पहचान की इच्छा नहीं
उसे, रह लेगी गुमनाम भी
भूखी सिर्फ प्यार मनुहार की नहीं
चाहती है आत्मसम्मान भी

खोजती है
कहे को भूल जाने वाला और
अनकहे को समझ जाने वाला
प्रतीक्षा सिर्फ करना ही नहीं
करवाना भी चाहती है
बरसों मुंह बांध सोई,
अब करवट बदलना चाहती है

जीवन की भाग़मभाग ही नहीं, फुर्सत के क्षण भी
पूनम की रात ही नहीं, अमावस का गगन भी
चार दीवारी स्वीकार है पर,
खिड़की नहीं दरवाज़ा होना चाहिए
और है शर्त यही कि दोनों की
ज़मीं आधी और आधा आसमां होना चाहिए

औरत लड़ती है

औरत लड़ती है...औरत लड़ती है
हां ये सच है, दुनिया ये कहती है

औरत लड़ती है पर किसलिए?

बड़ी नहीं छोटी-छोटी ख़ुशियों के लिए
पति या प्रेमी का ज़्यादा समय पाने के लिए
अपने प्रेम को अक्षुण्ण रखने के लिए

उसकी बुरी आदतों से उसे बचाने के लिए
आधे पैसों में पूरा घर ख़र्च चलाने के लिए
ख़ुद बेशक रह लेगी किराए पर मगर
अपने बच्चों के सर पर छत बनाने के लिए

पर आदमी...आदमी क्या करता है?
अपने अहम में जीता है, अपने अहम में मरता है
पर वह लड़ता नहीं...
क्लेश कभी करता नहीं

प्रेम को तरसती पत्नी का सर कलम करता है
अपने क़र्ज़ की क़ीमत परिवार को
मार ख़ुद मरकर चुकाता है

अपनी मां बेटी को घर की इज़्ज़त कहने वाला
दूसरे की बहन बेटी की इज़्ज़त उतारता है

पर वह लड़ता नहीं...
घर में कभी दीया भी ना जलाने वाला
भीड़ में छिपकर धर्म के नाम पर कितनों को
मौत के घाट उतारता है
ख़ुद का घर ना बचा सकने वाला
ख़ुदा का घर बचाता है

पर आदमी लड़ता नहीं...
औरत ही लड़ती है...
ऐसा मैं नहीं, सारी दुनिया कहती है

उसने कहा

उसने कहा कि उसे उसकी ख़ामोशी पसंद है
तो वह अपने लब सीकर गूंगी हो गई

उसने कहा कि वह उसे बहुत प्यार करेगा
तो उसने उसके लिए ख़ुद को भी भुला दिया

वह चाहता था कि कोई और उसे ना देखें
तो उसने ख़ुद को कपड़ों के ढेर में दबा दिया

वह उसे अपने हिसाब से बनाना चाहता था
तो उसने क़ैंची थाम अपनी ही काट छांट कर ली

वह चाहता था कि वह घर में क़ैद रहे तो
उसने ख़ुद ही हाथ पैरों में ज़ंजीर पहन ली

वह उसके पैरों को धरती पर रखना चाहता था
तो उसने ख़ुद ही अपने पर काट लिए

वह उसे पूजने को तैयार हो गया
और वह उम्र भर के लिए बुत बन गई

आसान है बहुत

तुम्हारे लिए बहुत आसान है...
एक लड़की को कह देना ग़लत
क्योंकि
वह छोटे कपड़े पहनती है
लड़कों से दोस्ती रखती है
देर रात भर आती है
लड़कों की तरह शराब पीती है
और भी ना जाने क्या-क्या

तुमने भी सोच लिया
तराज़ू में तोलते जाएंगे
पैमाने में नापते जाएंगे
उसे गिरा हुआ साबित कर देंगे
फिर रातें अपनी चमक आएंगे
अन्यथा लालच देकर देवी बनाने का
इंसान भी ना रहने दे पाएंगे
पर अब ना देवी बनने की
ना अमर होने की उसकी कोई चाह है
अपना पैमाना उसने स्वयं बना लिया
ख़ुद की शर्तों पर जीती जीवन आज है

अच्छी औरत

उसे एक औरत की तलाश थी
औरत ही नहीं अच्छी औरत की
देवी जैसी निश्चल, निष्पाप औरत

तलाश में उसकी भटका मंदिर मंदिर और एक दिन...
आखिर मिल ही गई ...उसे देवी

पर फिर भी वह अकेला ही रहा उम्र भर
क्योंकि... क्योंकि देवियां भी कभी इंसानों को नहीं चुनती!

सबसे अलग

कितनी बार समझाया गया है
पता नहीं क्यों चुपचाप नहीं बैठती

और भी तो हैं कितनी ही उसकी तरह
इशारों पे चलती, ना पे खड़ी होतीं, हां पर बैठतीं

डर तो बहुत दिखाया उसे समाज बिरादरी का
पर उसमें ललक थी आगे बढ़ने की, ऊंचाई चढ़ने की

तो पहले उसका हौसला तोड़ा गया
अकेला उसे जूझने को छोड़ा गया
फिर सीढ़ी खींच ली गई,
रीति रिवाज तले उसे रौंदा गया

पर वह भी बहुत ज़िद्दी थी,
घर समाज सबको आगे अपने झुका लिया
ना लगाने दी गई छलांग जब उसे
धीरे-धीरे क़द ही उसने अपना बढ़ा लिया

घड़ी

घड़ी देखने की उसे पड़ती नहीं ज़रूरत
नींद से उठके सांस लेने की नहीं फुर्सत

दीवार पर लटकी घड़ी बताती ठीक वही समय
जो वह सोचती है ठीक उसी समय
मानो कि घड़ी की टिक टिक
दिमाग में बजती हो मुसलसल

ख़ास तौर से सुबह-सुबह एक चूल्हे पर पकती चाय
परात में गुमड कर रखा आटा
गीज़र का खटका दबाना
मोबाइल को चार्ज पर लगाना
कुकर में तेल गर्म होने से पहले
प्याज़, लहसुन, टमाटर कटे रखना

एक के बाद एक हर काम
होता जाता है यंत्रवत और
हर काम के मिनट तो क्या
सेकंड्स तक हैं निश्चित

सुबह के नाश्ते से लेकर
रात के गुनगुने दूध तक
रसोई, घर, ऑफिस संभालते
बस, मेट्रो, ऑटो के लिए भागते

एक कामकाजी महिला
महिला ही नहीं रहती
वह साक्षात घड़ी ही बन जाती है

परिवार / रिश्ते

रिश्ते

समझोगे कैसे मां बाप होने का मतलब?
किसी बाप ने पीठ पर ढोए हैं पत्थर
तब बोझ क़लम का उठाता है अफसर

थाली में जो स्वादिष्ट निवाले हैं
मां की जली है उंगलियां, कभी पड़े छाले हैं

अगर भरपेट खाकर मारी लंबी डकार है
बहन के हिस्से की आधी ख़ुराक तुझ पर उधार है

ना आंख नीचे करना कभी चपरासी भाई पर
जिसने जवानी लुटा दी, धूप में तेरी पढ़ाई पर

और भी बहुत दिलकश हसीन चेहरे दिखेंगे
पर जो संघर्ष में साथ थी, उसके सामने कहां टिकेंगे?

नींद तुझे जब बहुत गहरी और सुकून भरी आई है
थकी हथेलियों को चूमा है किसी ने बालों में
उंगली फिराई है

जिन्हें देखकर मन नहीं भरता, जो तेरा संसार सारा है
वे बच्चे हैं तेरे जिनमें तू ढूंढता बुढ़ापे का सहारा है

बेटियां

कभी गुड़िया, कभी लाडो, कभी परी होती हैं बेटियां
कभी बेटा, कभी बहन, मां जैसी होती हैं बेटियां

मुस्कान, उमंग, ख़ुशी, कभी फ़िक्र जगातीं
आशीष से उसके फलीभूत होती हैं बेटियां

बंद कमरे में खिड़की से झांकते उजीते जैसी
खट्टे, तीख़े, कसैले बेटों में मीठे सी होती हैं बेटियां

नन्हें कदमों से आंगन नापतीं, बुलंदियों को छूतीं हैं
आसमान में उड़ने पर भी जमीन से जुड़ी रहती हैं बेटियां

बेगानों को अपनाने में महारत रखती हैं बेटियां
रौनकें मायके की ले जातीं विदा जब होती है बेटियां

एक-एक करके जब छूट जाते सब तब सहारा होती हैं
जीवन की सांझ में परिपक्व होते बीमे सी होती है बेटियां

मेरे पिता

मेरे पिता ने लाड प्यार से नहीं पाला मुझे
ना दिए खिलौने,ना उठाए नाज नख़रे मेरे

उसने मुझे फूल की तरह नहीं रखा
ना कंधे पर बिठा मेरा क़द किया ऊंचा

इसके उलट
उसने सिखा दिया कांटों पर चलने का हुनर
उसने दिया संघर्षों को पार कर जीत का मंत्र

हर वक़्त साये सा साथ रह बुरे से नहीं बचाया उसने
बस अच्छा और बुरा परखने की दे दी समझ उसने

विरासत में अपना घोंसला नहीं दिया मुझे मगर
पूरा आकाश ही दे दिया उड़ने की आज़ादी देकर!

मुझसे दूर जाके...

कच्चा पक्का खाके
बुख़ार कभी आए तो
बीमार गर हो जाए तो
दिल कभी टूटे तो
हौसला कभी छूटे तो
अकेलापन डराता हो
घर अगर याद आता हो
बेझिझक लौट आना
कभी भूल न जाना
अपने घर का पता
अपनी मां का पता
क्योंकि मैं कहीं भी रहूं
तेरा घर तो मैं ही हूँ

प्रेम और विरह

कब सोचा था तुमने

कब सोचा था तुमने कि
तुम उसे कभी मिल भी पाओगे
बेसुरी सी ज़िंदगी जीने वाले
सुर प्रेम का भी कभी लगा पाओगे

और उससे भी बढ़कर यह कि
दूजी ओर से भी गीत वही सुनाई देगा
दिन रात, सुख-दुख, धूप छांव
सब उसका मोहताज दिखाई देगा

चलते-चलते मंज़िल का किसे ख़्याल रहे
सफर का मज़ा लेते हुए कितने ही ख़्याल गए

क्या ही बात होती गर ज़िंदगी
सपाट सीधी सड़क जैसी होती,
चलते-जाते हाथों में हाथ डाले,
बतियाते, राह दूर तलक होती

और फिर आया वह दिन
जब एक ऐसा मोड़ आया
हमराही अपने रास्ते चल दिया
पर तुम... तुम वहीं बैठे रह गए

शोक मनाते, अश्रु बहाते...
बिन जाने कि जाने वाले को
भला रोक सका है कौन?
सुगंध से भरे झोंके को
झोली में रोक सका है कौन?

ग़म नहीं ख़ुशी मनाओ कि
इस राह पर तू चल चुका है
और ख़ूबसूरत यादें देकर इश्क़
तेरी ज़िंदगी से गुज़र चुका है!

प्रेम का स्वभाव

प्रेम हवा सा चलता है...
या पानी सा अविरल बहता है...
बादलों से रिमझिम सा बरसता है
एक हृदय से दूसरे हृदय तक...
चलायमान रहना ही उसका स्वभाव है।
प्रेम का लेन देन चलते रहना चाहिए प्रेमियों में
वरना प्रेम चल पड़ता है किसी तीसरे हृदय तक!

विरह व्यथा

मधुर स्मृतियों के तिनकों से बनाया हमने घरौंदा
जिसे नई लालसाओं के क़दमों तले तुमने रौंदा

संग संग झेले सुख दुख, जाने कितने मौसम बिताए
किसी बात पर रोए हम, किसी पे मुस्कुराए
कभी तकलीफों में काटे दिन, कभी रातों को जश्न मनाए...
फिर एक दिन... ना जाने क्या हुआ?

हृदय मेरा तोड़ के, नीड अपना छोड़ के
उड़ चले पंछी बन, घर परिवार तोड़ के
अज्ञात दिशा को चल पड़े, थाम अनजाने का साथ
ना देखा पीछे मुड़के, ना कही सुनी कोई बात

झरती अखियां झर झर, बंद अधरों को अब खुलना होगा
माना है कठिन कहना, किंतु मेरी विरह व्यथा को तुम्हें सुनना होगा

मन है विचलित, चोटिल है आत्मा शरीर हो गया क्षीण है
दर्द तो झेलूं सभी पर सब में बड़ी हृदय की पीड़ है

दिन भर फिरूं बन लौह सी, बचे खुचे को समेटती हूं
घुटने गाने सीने में, भीड़ में लापता बच्ची सी थककर लेटती हूं

रात में एकांत में बिन बुलाए अतिथि की मानिंद
चली आती है यादों की फौज, हो छाती पर सवार, घोंटती है गला

बह चलते हैं निर्दोष आंसू मेरे,
दोनों हाथों से कसकर हृदय थाम लेती हूं
हर करवट पर निकलते हैं प्राण,
हर आह पे तेरा ही नाम लेती हूं

इससे तो आग भली है, जलाती है तो समय पीड़ा हर लेता है
विरह अग्नि में जलने वाला बाती सा हर बूंद संग मर लेता है
हां, बाती तो हूं मैं दीपक तुम मेरे थे ,
जोत जगाई प्रेम की तुमने, जब चारों ओर अंधेरे थे

जग को होता भ्रम यही कि दीपक जलता है
जलन झेलती बाती बेचारी, दीया निर्लिप्त रहता है
दीया तो बना ही कठोर है, बाती कोमल कपास है
इसलिए हो गए निष्ठुर तुम, तपन का तुम्हें क्या एहसास है?

दिन-दिन मैं घुलती जाती, मरता जाता प्रेम है
ज्यो बूंद बूंद छोटी हो बाती, फुंकता जाता तेल है

जीवन रहे गर तो रखना स्मरण मेरी अंतिम कही बात
चाहे नित मनाओ उत्सव तुम, करो रंगीन हर रात
किंतु बाती जलेगी तो तपन उसकी पहुंचेगी दीये तक भी
मेरे हृदय की अग्नि सुलगाएगी तुमको,
विरह व्यथा में तपोगे तुम भी!

आओ बात करें

आओ मिल बैठे दोनों, कुछ बात करें
कुछ नए की सोचे कुछ पुराना याद करें

वो दिन भी कितने हसीन थे जब
तुम्हारे साथ पी चाय भी कॉफ़ी लगती थी
अपने मोहल्ले की सीनरी भी
कश्मीर से कुछ कम ना लगती थी

और तुम थीं हमेशा मुस्कुराती हुई परी सी बन के मिलने आती थीं
दोपहर से सांझ कब हो जाती, मेरे दिन को दिन बनाती थीं

याद है? जब तुम कभी कार्ड, कभी गुलाब लाते थे
चॉकलेट ना लाने पे पांच रुपए के गोलगप्पे खिलाते थे

हम्म्म... भरी दुपहरियों में साथ तपे हम, बारिशों में थे भीगे
भीग भीग कर सुलगे हम, मिलकर भी जाते रीते

छोड़ो पुरानी बातें, इन्हें सुनकर कुछ-कुछ होता है
पहले कुछ और होता था अब कुछ और होता है

और अब? अब तो बदल गया है सब कुछ...
घर ऑफिस बच्चों से फुर्सत कहां?
जो कॉफ़ी की चुस्की लें, गटकनी पड़ती है
रोटी भी चबाता नहीं सटकनी पड़ती है

कितनी ही बार सोचा टहलेंगे पीछे वाले पार्क में
पर घर की छत तक भी तो नहीं जा पाते खाने के बाद में

और तुम भी तो
अपने रंग रूप पे ज़रा ध्यान नहीं देती
ना काजल आंखों में ना होठों पे लाली, बावरी सी बनी रहती
एक ही बात कितनी बार कहूंगा मैं, और कितनी बार सुनोगी तुम
इसलिए थक कर सो जाता हूं हो जाता हूं चुप

तुम अब... थके हारे, चढ़ा के सांस लौटते हो दफ्तर से खाली हाथ
घर के दूध सब्जी ला दो तो बहुत... क्या करूं गजरे की आस?

सुबह, दिन, दोपहरी, शाम सब कर दिए हमने काम के नाम
रात अब रोमानी नहीं होती आती है बस नींद के काम

छोड़ो... तुम भी, मैं भी किन बातों को लेकर बैठ गए
होता है सबके साथ यही, कौन से हमने काम किए नए

क्यों ना गुजर चुके को बिसारे हम
कुछ नया सोचे भविष्य को विचारे हम

ठीक है चलो आने वाले कल को सोचें... ख़्वाब नए सजाते हैं
इस दिवाली पर कपड़ों के साथ नया सामान कुछ लाते हैं

बेटे का है तेज़ दिमाग... बस मैथ की ट्यूशन लगा देते हैं
बेटी अंग्रेज़ी में है कमज़ोर, स्पीकिंग कोर्स उसका लगा देते हैं

जब भी बातें करते हैं हम घर पर ही लौट आते हैं
एकांत में भी बैठे हों तो भी बच्चे बीच में आते हैं
तुम मेरी प्रेमिका पहले थी और मैं तुम्हारा प्रेमी
पर अब तुम पहले मां हो, फिर गृहणी, फिर पत्नी

और तुम भी तो पहले थे सिर्फ मेरे दोस्त,
मेरे प्रेमी पर तुम्हारे लिए मैं
अब ऑफिस, दोस्तों, टीवी, फोन, बाइक
के बाद याद आने वाली बीवी

नाराज़ हो उठ जाती हो क्यों? पास मेरे बैठो
देखो पूर्णमासी की रात में मेरा चांद आज भी है उतना सुंदर
बस माथे की शिकन कुछ गहरी हो गई है
कुछ झुर्रियां चेहरे पर कुछ गर्दन पर चली आई हैं
वरना तुम आज भी बहुत ख़ूबसूरत हो हसीन हो
पत्नी से कुछ कम ही सही पर मेरी प्रेमिका हो

और तुम भी तो हो वैसे के वैसे
बस बाल कुछ कम हो गए हैं
और जो कुछ बचे हैं वह सफेद हो गए हैं
हो सकता है जीवन की उलझनों में

प्रेम तुम्हारा दब गया हो
किंतु जीवन की अंतिम सांस तक
मेरा हाथ थामे तुम ही मेरे संगी मेरे प्रेमी हो
तुम ही मेरे संगी, प्रेमी हो!

इसी मोड़ पर

प्रिय मेरे जरा ठहरो तुम!
घड़ी भर मुख मेरा देखो तुम!

भाषा बड़ी असहाय और निर्धन है
बहती अश्रुधार के संदेश बांचो तुम

त्याग कर मुझे छोड़ जाने से पहले
ग़ौर से देखो इस बैरी मोड़ को...

जैसे किसी विषैले ब्याल[1] की जिव्हा[2]
बांट दी अलग-अलग इसने हमारी राहें

नई राह पर कदम बढ़ाने से पहले
विक्षिप्त[3], विवश प्रेम को बिलबिलाते देखो तुम

जो तुम पढ़ ही ना पाओ मूक प्रेम निवेदन
तो निश्चित ही बढ़ जाना नव पथ पर...

किंतु स्मरण सदा रखना!
दूर, बहुत दूर जाने पर भी तुम्हारी राह
जुड़ी रहेगी सदा मुझसे ...इसी मोड़ पर!

कठिन शब्द : 1. ब्याल = नाग, 2. जिव्हा = जीभ, 3. विक्षिप्त = पागल

कारण

तुम तब आए जब मैं प्रतीक्षारत थी
तुमसे प्रियतम की खोज अनवरत थी

धन्य हुई मैं, जिस क्षण हृदय द्वार तुम आए
तन में, मन में प्रेम लिए जीवन में प्रिय तुम आए

अंग प्रत्यंग और रोम रोम में बसी पिय की बास
हूक मिलन की जागे जब तब बुझे न हिय की प्यास

समय बीता, हुआ सवेरा, बीती मधुमय रात
प्राण लगे अब घुटने, बनी दुर्गंध सुवास

उचाट मन, उबाऊ जीवन कुम्हलाया पुष्प प्रेम का
प्रेम पलायन कहां कर गया, बदला ध्येय जीवन का

नीरस आंखें ढूंढती कारण प्रिय तेरी वितृष्णा का
हुई आश्चर्य से परिपूर्ण जब जाना रहस्य घुटन का

तुम्हारी श्वासों पर मैंने रखा पहरा, तुमने भी बात बढ़ा दी
आते समय हृदय के भीतर तुमने चिटकनी लगा दी

सड़ने लगा संबंध इस हेतु, जीवन हुआ निस्सार
प्रेम पुष्प तो जिले तभी जब, नित पाये ताजी बयार

बीच का रास्ता

बीच का रास्ता होता नहीं, खोजा जाता है
दो प्रेमियों/ लोगों की असहमति के कारण

पर दोनों की सहमति से बनता, बीच का रास्ता
दोनों तरफ से अक्सर करना पड़ता समझौता

और इस तरह पनपता, एक अल्पायु रिश्ता
जो आगे चलकर तंग, बेहद तंग होता जाता

दो नहीं एक का भी चलना मुश्किल हो जाता
तब रास्ते अलग होते जाते, पीछे छूटता जाता
दोनों के अहम में... दोनों के बीच का रास्ता!

समाज

एक ही गली

गली के उस कोने पर रहने वाले शख़्स से,
उसके मज़हब से कोई दिक्कत नहीं इसे

इसके लिए भी मुहर्रम, ईद की छुट्टियां उतनी ही अज़ीज़ हैं
अगरचे
उसके ख़्यालों से हो सकती है इसे तकलीफ कुछ
बिरयानी, कबाब और सेवईयां, इसे भी लज़ीज़ हैं

पास ही किसी मकान में रहता है यह भी
इसके धर्म से कोई लेना-देना नहीं उसे मगर
इसके त्यौहारों की रौनकों से सजा है बाज़ार उसका भी

बेशक न जलाए घर में एक दीया भी
पड़ोस की रौशनियों से गुलज़ार है आंगन उसका भी

पर दोनों के बच्चों के लिए घर मैदान सब साझे हैं
खिलौने, मिठाई, रंग, पटाखे सब आधे आधे हैं

काश! ये बच्चे गूंगे, बहरे होते
दहशतगर्दों की ना सुनते, ना कहते
खेलते खिलखिलाते दिन रात भाई ना सही,
दोस्त बन रहते साथ-साथ

पीछे खड़ा आदमी

आगे चलने वालों की बातें की जातीं रहीं हैं सदियों तलक
और युगों से ही हेय दृष्टि से देखा गया पीछे खड़ा आदमी

किंतु जैसा सोचा गया वैसा होता नहीं पीछे खड़ा आदमी
बिन चेहरे मोहरे पहचान का पंक्ति में अंतिम खड़ा आदमी

लाइन के अंत में खड़ा व्यक्ति हेय नहीं होता बशर्ते
पंक्ति राशन, सुविधा या अस्पताल में इलाज की ना हो

उसका स्थान निश्चित है जिसे कोई छीन नहीं सकता
उसे कोई धक्का नहीं मारता, कोई मार ही नहीं सकता
अगरचे यदि वह चाहे तो बस एक ही धक्के में लाइन गिरा कर
छीन सकता है आगे वालों के सिंहासन

आगे वाले... कांटों पर चलने से जिनके तलवे हैं घायल
उस तक पहुंचते पहुंचते कांटे
चुभन खोकर हो जाते हैं मोथर

पिछलग्गू आजाद हैं किसी भी क्षण चुनने को नई भीड़
स्वतंत्र है पूजने को हर दिन एक नया ईश्वर

चार लोग क्या कहेंगे? इसकी रत्ती भर परवाह नहीं उसे
क्योंकि बस उन्हीं चार लोगों को दिखता है आगे खड़ा आदमी

आदमी औरत

आदमी ने धरती बेची
पत्थर, पहाड़, नदियां बेची
जंगल, समुद्र, आकाश बेचे
खून, पसीना, ईमान बेचे

पशु बेचे, फसल, फल, फूल बेचे
फूलों से बच्चे बेचे, औरत बेची

और औरत ने...

मेहनत बेची, आजादी बेची
जवानी बेची, इज्जत बेची
कोख बेची, औलाद बेची
फिर औरत ने औरत भी बेची
मगर...
औरत ने कभी आदमी नहीं बेचा!

भीड़

मैंने देखी कुछ नाकें, आकृति तो मनुष्य की थी पर
ऊपर से नीचे तक नाकें ही नाकें थीं
जिसकी जितनी बड़ी और ऊंची नाक थी
वह समाज के लिए उतनी ही खतरनाक थी

आगे बढ़े तो मिलीं कुछ आँखें
हाँ, उनमें बस आँखें ही आँखें थी
जिनका पानी मर गया था
एक को दूजी आँख ना सुहाती थी उस पर
उनकी निर्लज्जता बड़ी शर्मनाक थी

थोड़ा आगे बढ़े तो कुछ ज़बानें थीं
एक नहीं कई आदमी जिनके बस ज़बानें थीं
कैंची सी तेज़ चलने वाली,
बात बात पर फिसलने वाली
बोलती थीं तो होते थे क़त्ले आम
चाकू तलवारों से भी धारदार थीं

और आगे बढ़े तो खड़े थे कुछ कान
उनके छेद ठीक से काम नहीं करते थे
इससे तो वह बहरे होते, बेहद महीन और कच्चे थे
उनकी वजह से होते मनभेद, फिर भी दिखते सच्चे थे

आखिरी मोड़ पर खड़े कई दिमाग थे
सड़े गले, बू मारते, पिछड़े बुद्धिजीवी दिमाग
शिक्षा भी नतमस्तक जिनके आगे
कचरे और भूसे की सजी दुकान थे

धीरे-धीरे सब इकट्ठे होते गए
देखते देखते बढ़ती गई भीड़
ख़ुद को दूसरे से बेहतर साबित करने में लगे
दिमाग, नाक, आंख और कान थे
दुनिया को बारूद के ढेर पर बिठा
सब तमाशा देखने चले तो...

सामने उनके भी जलते मकान थे!

इंसान मुझे रहने दो

मत बनाओ खुदा मुझे, इंसान अभी रहने दो
ना करो मजबूर लब सीने को, दिल की कह लेने दो
हक मत छीनो गलती करने का,
गिरने का गिर के संभलने का
मेरे गिरने पर उंगली ना उठाओ
ठोकरें खाने दो, सबक सीख लेने दो

मत बनाओ खुदा मुझे, इंसान अभी रहने दो

आंखों से रिसते आंसुओं को कमजोरी ना समझो
उम्मीद ना रखो कागजी मुस्कुराहट की
जी हल्का होने की हद तक रो लेने दो

मत बनाओ खुदा मुझे, इंसान अभी रहने दो

मेरी बात के इतने भी ना निकालो मतलब
कि क्या से क्या वो हो जाए
एक से दूजे तक जाते साजिश वो हो जाए
परायी मत करो मुझसे, मर्म इसका मुझे ही कहने दो

मत बनाओ खुदा मुझे, इंसान अभी रहने दो

मेरे अच्छे होने भर से, तुम बुरे तो ना हो जाओगे
उगल दोगे जहर दिलों के गर, मददगार मेरे हो जाओगे
सलीब पर लटक, जन्नत का नहीं अरमान मुझे

नरक धरती के अभी कुछ और भोग लेने दो
मत बनाओ खुदा मुझे, इंसान अभी रहने दो

ऐसा तो नहीं था

यह शहर भी था कभी रहने लायक ज़िंदगी में मजा था!
अपने किए को भर रहे सब
यह शहर ऐसा तो नहीं था

सुनते हैं कभी यहां भी, धरती की थी गोद हरी
तृप्त होकर बहती थी नदी, नभ भी नक्षत्र संपन्न था
लदे थे फलों से वृक्ष, भूख से अधिक उगता अन्न था

खेतों की मिट्टी थी उर्वर, फलता फूलता जंगल था
इंसान इंसान को देखकर ख़ुश था जीवन में कुशल मंगल था

हवा थी निर्मल, जल अमृत तुल्य था
प्रकृति संरक्षण का मनुष्य का संकल्प बहुमूल्य था

पर आज

कट रहे अनगिनत वृक्ष, धरा हो गई निर्वस्त्र
नदी बदली नाले में और नाला नाली में..
मेघों की जगह धुएं के गुबार, गिनती के अब दिखें सितारे
नीला नभ हुआ मटमैला, धूसर हुए सभी नजारे

खेतों को खा गए मकान दुकान, पंछी उड़े छोड़ पानी दाना
फैलता गया जंगल कंक्रीट का, छांव का ना रहा कोई ठिकाना

जीवन बन गया अंधी दौड़, सब मचा रहे भाग़म भाग
सुबह होते ही मचती भगदड़, जैसे कहीं लगी हो आग

हवा लगी दम घोंटने, बूंद बूंद को तरसे लोग ..
कैसी प्रगति पाई मनुष्य ने? कैसे रहे मनुज निरोग

जिस शाख पर बैठे उसी को काटे, गिरने में क्या देर है?
जितने भी जोड़ ले महल दुमहले बाहर तो
कूड़े-कचरे का ढेर है

अब भी कर ले विचार, समय रहते चेत जा
बचा ले अपना घर शहर, अगली पीढ़ी के लिए
कुछ वसीयत तो सहेज जा

स्त्री मात्र देह

स्त्री प्रकृति के आरंभ में पहनती थी
कुछ पत्ते अथवा पशुचर्म
पर फिर भी वह थी सुरक्षित
क्योंकि पुरुष असभ्य था

अब वह मिनी स्कर्ट पहनती है तो
पुरुष को दिखाई देती है देह
फिर वह पहन लेती है सूट सलवार
किंतु फिर भी उसे वह उघड़ी हुई दीखती है

तब वह लपेट लेती स्वयं को
कई गज़ लंबी साड़ी में
पर इतने पर भी कहां शांत हो पाता पुरुष
अंतिम उपाय में वह पहन लेती है बुर्का
ताकि स्वयं को बचा छुपा सके उसकी नज़रों से

परंतु सभ्य पुरुष की कामोन्मुख दृष्टि से
दुनिया भर के वस्त्र भी अभेद कहां?

स्त्री को मात्र देह मानने वाले पुरुष के लिए
हज़ार कपड़ों में लिपटी स्त्री भी सुरक्षित कहां?

सुरक्षा

माता दे सकती है जन्म
पिता दे सकता है भोजन
भाई दे सकता है उपदेश
प्रेमी दे सकता है प्रेम
पति दे सकता है कमाई
पुत्र दे सकता है सहारा

समाज दे सकता है नियम, क़ायदे
किसी पीड़िता के साथ दुष्कर्म पर
अधिकतम जला सकता है कुछ मोमबत्तियाँ

ज़ख्मी देह को नेता दे सकते हैं आश्वासन
मात्र मौत दे सकती है उसे शांति और आराम

और तब सरकार दे सकती है अधिकतम मुआवज़ा
क़ानून (शायद) कभी दे सकता है अपराधी को सज़ा

किंतु हाय! अभागी को कोई दे नहीं सकता सुरक्षा!

कहां जाएगा आदमी

छोड़ के खेतों को कहां तलक जाएंगे हम
दोस्ती कलपुर्ज़ों से कब तलक निभायेंगे हम?

सोने चांदी तो क्या हीरे पन्नों की भी हो
ईंट गारे की मीनारें या कि मशीनें खाएंगे हम?

काग़ज़ इकट्ठे करने का मिराक[1] सुधरता नहीं
छोड़कर दाल रोटी क्या नोट ही चबाएंगे हम?

धरती से आसमां तक हर जान है ख़ौफज़दा हमसे
ज़रा सी जीभ के ज़ायके के लिए कितना गिर जाएंगे हम?

अनाज, पानी, हवा सब के सब ज़हरीले
अपने पुरखों सी ज़िंदगी भला कहां जी पाएंगे हम?

दिल की आवाज़ शोर में, चेहरा मेकअप में छुपाए हुए
खाकर गोलियां महंगी फिर भी जिए जाएंगे हम!

कठिन शब्द : मिराक = मानसिक रोग, पागलपन

विडंबना

जिसे रखना चाहिए था आंखों में बसाकर
उस पर सदा आंखें गड़ाए जहान रहा

जो छूने भर से भी हो सकती थी मैली
उसी पे क्रूर से क्रूरतम अत्याचार किया गया

जिसे बनाया था ईश्वर ने कोमलता का पर्याय
फिर क्यों उसी के कंधे पर ही जगत भार डाल दिया

ज़रूरत जिसके हृदय को समझने की थी
उसकी देह और रूप को ही सदा चाहा गया

जो बनी थी दुनिया भर का प्रेम पाने लायक
क्यों देने की जगह जीवनपर्यंत प्रेम पुरुष पाता गया?

तितली

क्या कभी किसी तितली को पकड़ा है बचपन में?
जब उंगली और अंगूठे के बीच महसूस होती है उसकी तड़प

कुछ देर तुम होते हो बहुत खुश
तुम्हें लगता है
उसकी खुशबू और परों के रंग तुम्हारे
हाथों में समा जाएंगे

पर थोड़ी ही देर में खुद को बचाने की सारी कोशिशें
छोड़ देती है तितली, हार जाती है जिंदगी से अपनी जंग
हो जाती है निष्क्रिय, निष्प्राण बंद कर देती अपना स्पंदन

पर खुद हार कर भी तुम्हें कभी जीतने नहीं देती
मजबूर और लाचार होकर भी संघर्ष से स्वयं
को रीतने नहीं देती

तुम भी उसी क्षण हार जाते हो जब तुम
किसी तितली को दबाते हो
किंतु फिर क्यों बचपन का ये सबक बड़े
होकर याद नहीं रख पाते हो?

प्रेरणा

सहारा तिनके का

आज फिर टूटा हूं मगर हारा नहीं
घोर अंधेरा है एक सितारा भी नहीं

ना देखो हिकारत से मेरी नाकामयाबियों को
राह भटका मुसाफिर हूं,बेघर आवारा नहीं

डूबने चला हूं वक़्त के भंवर में...
ना कश्ती है और पास कोई किनारा नहीं

एक तिनका आया है देने सहारा मुझे
सहारा उसका भी तो कोई सहारा नहीं

डूबना लिखा है तो डूब ही मरेंगे हम
पर क़िस्मत के आसरे रहूं, इतना मैं नाकारा नहीं

जब तक चलेगी सांस, करूंगा प्रयत्न,
लडूंगा लहरों से
क्योंकि बिन कुछ किये चला जाऊं दुनिया से,
ये मुझे गवारा नहीं

मुझे बढ़ते जाना है

चल रहा हूं अथक निरंतर... लक्ष्य मुझे पाना है
कांटो और उलाहनों की परवाह नहीं मुझे...
मुझे बस बढ़ते जाना है

आवाज़ देकर टोकना मत मुझे
आगे आकर रोकना मत मुझे
माना कि चिंता तुम्हारी है वाजिब
है अनजान ये राह जग के लिए अनछुई है
हाथ भर का रास्ता दिखता है बस
बाकी भविष्य सी रहस्यमयी है

दुर्गम रास्तों का भय मुझे ना दिखाना
क्या होगा तुम्हारा? प्रश्न ये न दोहराना
भय से नहीं कोई भय, पथ और संघर्ष मेरा तय है
अनिश्चितता से डरता नहीं मैं, जूझ जाने का यही समय है
हौसलों को मशाल बना लिया हिम्मत को ढाल बनाना है

मुझे बस बढ़ते जाना है...

समकालीन बढ़ चले हैं तुम्हारी दिखाई राहों पर
ढोने जा रहे जीवन भर तुम्हारे ऋण को
सुविधा और सरलता की राह चुनी जिन्होंने
सब पाकर भी बहुत गहरे में उदास और हताश हैं
हाथ ख़ाली तो क्या? पास मेरे संतोष और आत्मविश्वास हैं
ना किसी से होड़, ना कोई जोड़ तोड़ है
तपती सड़क पर चलते जाना है

मुझे बस बढ़ते जाना है...

परिश्रम और प्रयास हैं साथी मेरे...
कृतज्ञ ईश्वर का हूं, जो दिए मुझे दो पैर
दूरी, गहराई, ऊंचाई सब नाप लूं
अनाश्रित भाग्य पर हूं

ना तुम्हारे रास्ते का पत्थर हूं ना रोड़ा बनूंगा
सामना करूंगा नियति का, नकेल बंधा न घोड़ा बनूंगा
बनाऊंगा ख़ुद की राह नई, सोच भी सबसे भिन्न है
एक बार मिलता है अमूल्य जीवन जीने सभी स्वप्न हैं
हर इच्छा पूरी करनी है उद्देश्य हर पाना है

मुझे बस बढ़ते जाना है...

जीवन और संघर्ष

याद आता नहीं कि
जीवन संघर्ष से आरंभ हुआ
या संघर्ष जीवन से शुरू हुआ
बस समझ इतना ही आता है
कि जीवन है जब तक
जीने के लिए संघर्ष है तब तक

क्या सुना है? ऐसे सर्प के बारे में
जो क्षुधा क्षुब्ध हो खाना चाहता है
पीछा करते हुए अपनी ही पूंछ को
ठीक वैसे ही संघर्ष भी एक सर्प है
जो अंतिम श्वास तक करता है अनुसरण

और एक दिन पाकर अवसर
लील जाता है जीवन सहर्ष
क्रम यही चलता रहता अनवरत
पर भला प्रकृति की कहां सुनता है पुरुष

संघर्ष अवश्य कर हे नर जीवन में
पर मूढ़ मन मत कर जीवन से संघर्ष

ख़्याल रखना

जैसे रखते हो ख़ुद का, दूसरे का भी ख़्याल रखना
बस इतना ही करना हमसफर में हमख़्याल रखना

सब कुछ जी लेना जीते जी मरने से पहले
आख़िरी वक़्त में दिल में ना कोई मलाल रखना

तेरे हर क़दम पर उठेंगी हज़ारों हज़ारों उंगलियां
शीशाई दुनिया है तेरी, हर क़दम जरा संभाल रखना

बेज़ुबानों को ज़बह करने से पहले ईद में
ख़ुद को लुटा सको ख़ुदा की राह में यह मजाल रखना

नज़रिया बदल भी सकता है फक़त इस बात से
अनाज का हर दाना घर में हलाल रखना

रास्ता और मंज़िल

मंज़िल तो पता है
रास्ता पता नहीं

धुंध ही धुंध है
धूप का आसरा नहीं

अंधेरी सी सुरंग में
मशाल क्या, दीया नहीं

थके कदम, बेजान जिस्म
यह नहीं कि हौसला नहीं

चलते जाना काम है मेरा
ऐसा नहीं कि ख़ुदा नहीं

आशाएं

जीवन की अंतिम श्वास में, एक और श्वास
जोड़ने की कोशिश है आशाएं,
किसी बदबू, सीलन, अंधकार भरे कमरे में
उजाले के बढ़ते कदम है आशाएं,
महकाती जीवन बगिया को, आशाएं गुनगुनाती हैं राग नया,
बिखराती सौंदर्य, मादकता, सुगंध और मधुपराग नया,

अश्रु पोंछ चेहरे से मुस्कान के साथ भरती आत्मविश्वास,
ज्यों तिमिरमयी अंतहीन सुरंग का अंत आता हो पास,
बांध देती हिम्मत, जुटा देती साहस, निराश मन में,
विपरीत लहरों से जूझ, भंवर से उबार देती पल में,

गिरो, उठो, चलो, बस क्षण भर भी, मत रुको तुम,
जूझो हर हालात से आशा का दामन मत छोड़ो तुम!

नि:शब्द

नि:शब्द हो जाती हूं, जब अक्सर
ये पूछते हैं हंसकर, मांस खाते हुए

बड़ा स्वाद बना है, देखो ना खाकर
क्या कहूं? कैसे लगते हैं? लोग मांस चबाते हुए

कैसे कहूं जब 'लेग पीस' कोई खाता है
यूं लगता है किसी ने मेरी जांघ में दांत गड़ा दिए हों

या फिर मछली के कांटों से बचाकर नोंचते हैं मांस
तो लगता है कोई अस्थियों से नोच रहा हो
अंतर्तम खाल

फिर हड्डियों तक को भी नहीं छोड़ते चूस लेते हैं मज्जा भी
याद आते हैं आवारा कुत्ते, सूखी हड्डियो को चिंचोड़ते हुए

हद तो ये कि
किसी नन्हे पशु को देखकर भी नहीं जागती करुणा
फिर भी दिखता है बस रंधता मांस
और जिव्हा टपकाने लगती है लार

पर तब लगता है मेरे अबोध बच्चों पर
पड़ गई हो किसी हब्शी नरपिशाच की नजर

वे खा पाते हैं, सहजता से ले पाते हैं स्वाद क्योंकि
उन्हें दिखाई नहीं देती निरीह पशुओं की आंखें,
ना सुनाई देती है चीखें

देख लेते हैं दर्द से बिलबिलाती, लहू में लिपटी लाशें
पर महसूस नहीं कर पाते उनकी लाचारी, टूटती सांसें

बीस ग्राम की जीभ मनुष की,
किलो भर दिमाग पर भारी
अंतहीन है हवस मनुज की,
भक्षक कैसे निभाए रक्षा की ज़िम्मेदारी?

परछाईं

बात कुछ यूं हुई कि एक दिन, परछाईं मेरी
धीरे-धीरे मुझसे भी बड़ी होने लगी
बड़ी भयानक दिखती थी हाल मेरे पे हंसने लगी

मैंने पूछा डरते हुए ...तुझे क्या भला चाहिए
बोली वह गुर्रा कर

तुझमें मुझमें फर्क़ एक है
जिस्म मेरा खोखला है

और ना कुछ मुझे चाहिए
रूह की तेरी दरकार है
ताकतवर बन के दिखाऊं
मेरी यह ललकार है

जल्द ही संयम, धैर्य और
चेतना छोड़कर जाने लगे
छुपाये दुनिया से आंसू जो
अपने आप ही आने लगे

फिर आई याद पुरखों की कही बात
हर शै पर राज करें इंसान, परछाईं की क्या जात
कुछ भरी लंबी सांस, जगाकर नया विश्वास
टकरा सके हिम्मत ए आदम से किसकी यह बिसात

बाहर की रौशनी छोड़,
अंधेरों में मैं अपने कूद पड़ा

रूह की रौशनी के आगे परछाईं बिलबिलाने लगी
अंधेरों से डर कर परछाईं छोड़ मुझे जाने लगी
जाते-जाते टूटे-फूटे लफ़्ज़ों में समझाने लगी

जब तक रूहे रौशनी जिस्म में ज़िंदा है
ख़ुदा का बना हर इंसान बेख़ौफ परिंदा है

मेरे आराध्य

सीता ना होती

घर-घर में रखी रामायण ना होती
व्यर्थ चरित्र का भार हर स्त्री ना ढोती
राम रावण की कथा ऐसी ना होती
यदि वाल्मीकि रामायण में सीता न होती

क्या होता यदि उपरांत विवाह के
आज्ञा पति की मान वैदेही वन न जाती
महल में रह प्रतीक्षा प्रिय की करती
तब भी तो सीता सीता ही रहती
क्या कम पतिव्रता रहती
अथवा
पवित्र स्वयं को सिद्ध करने के लिए तुरंत ही
धिक्कारती प्रस्ताव अग्नि परीक्षा का

कैसी भली भव्यता उसकी? कैसा वह समाज?
रघुवर प्रिया पर उंगली उठाता कैसा था वो रामराज?

पर तब... तब जनक सुता एक साधारण महिला होती
संभवत मिथिला कुमारी ही होती

फिर भी परित्यक्ता तो ना होती
महाभारत भी कहां इतिहास रचती?
यदि द्रौपदी तो होती पर द्रौपदी जैसी ना होती
यदि स्वयंवर से पहले ही विद्रोह कर हृदय की अपनी सुनती
व्यर्थ के जाति भेद में न फंसकर जीवन संगी अपना चुनती
या फिर "पांचो में बांट लो" आज्ञा को शिरोधार्य करते पांडवों को दुत्कारती

अर्जुन ही उसका वरणीय पति सिर्फ उसे ही
पति अपना मानती
पर तब भला नियति अपना खेल कैसे खेलती?

सभा में शूरवीरों की, भार्या पांच महाबलियों की...
क्यों कर अपमान झेलती?

सीता और द्रौपदी दो कालजयी विभूति
मार्ग थे दोनों खुले ...चाहे सुख से जीती या
दुख अपमान से हार मानती

फिर भी दोनों ही सूरतों में साधारण महिला ही रहतीं
आखिर कौन स्त्री सह सकती है?
पति का संदेह और स्वयं का परित्याग अथवा
पांच पतियों के होते हुए लाज बचाने
गुहार लगाती कृष्णा उस रात

किंतु दोनों ने मार्ग तीसरा चुना
हर दुख को पी, अपमान को जी सुलगा स्वयं में आग
न झुकी, न रुकी नियति से संघर्ष कर बनीं शक्ति का आधार

इसलिए सीता सीता है और द्रौपदी द्रौपदी
हर स्त्री को प्रेरणा देती रग रग में भरती शक्ति

इसीलिए मर्यादा पुरुषोत्तम के सामने भी
स्वतंत्र सीता का व्यक्तित्व है
पांचो पांडवों पर भी भारी अकेली द्रौपदी का अस्तित्व है!

होरी है

होरी बिन कान्हा के सूनी
सूनी जमुना, सूने ताल

सुगंध नाय रही अबीर में
फीके है गए लाल गुलाल

सब स्वाद उतर गए गुजिया के
झड़े पात सब, बुझे पलाश

जब आयो निकल कान्हा
फागुन में परो तब प्राण

भर भर हाथ ले पिचकारी
पोत दई सब नार अभाल

अब जा के हँसी राधिका
जब दयी वा रंगों में सान!

काल महाकाल

काल समय है
काल असमय है
काल अदृश्य है
काल सदृश्य है
काल परिदृश्य है
भूत, वर्तमान,
भविष्य है

काल है मृत्यु सम
कभी है अमृततुल्य
काल अखंड अक्षय
समझ क्षणिक मनुष्य
काल या अकाल
काल से परे
बस महाकाल

कृष्ण ही कृष्ण

समाहित जिनके व्यक्तित्व में है ब्रह्मांड संपूर्ण
आदि, अंत, मध्य तृण तृण में बसते श्री कृष्ण

तुम में सृष्टि जीवन पाती, भाव विभोर हो जाती
जीवन मरण संरक्षण तुमसे, तुम ही करते पोषण

महिमा गाउं कैसे तेरी, बुद्धि है अल्प और सीमित
हरिहर हर हृदय का स्वप्न तुम, हर श्वास तुम्हें हो अर्पण

गोकुल में बालक बन, दिखाते लीला, चुराते मक्खन
हर स्त्री में जगाते ममता, हर मां चाहे नटखट बालकृष्ण

यौवन के उन्माद में जब गूंजते राधा की हूक बन
हर युवती के प्रेमी तुम, तुम संग रास हो, देखे स्वप्न

बलराम के भ्राता, सखा सुदामा के, रूप धरे अन गिन
भाई, सखा तुम जैसे हो तो समाज बने कुछ और भिन्न

पति बने रुकमणी के, शेष ने स्वयं किया वरण
प्रेम और सम्मान हो दांपत्य में सिखाया मंगलाचरण

तारणहार द्रौपदी के, बीच सभा रोका चीर हरण
अतुलनीय नेह उनका, ऐसे दयालु से कैसे हो उऋण

सामर्थ्य, साहस से बने द्वारकाधीश शत्रु भी करें नमन
अर्जुन के गुरु तुम, सारथी बन अंत तक किया मार्गदर्शन

दिखा कर विराट विकराल रूप, सुनाया गीता दर्शन
हर समस्या सुलझ जाती, चाहे जो भी हो प्रश्न

रागी, अनुरागी, महायोगी तुम्हीं, करें हम चरण वंदन
आदित्य तुम्हीं आराध्य तुम्हीं, हिय नैन बसे तुम ही सतृष्ण!

अहसास

ग़म और ख़ुशी

ख़ुशी को तो दिखावा पसंद है
पल में पराई हो जाती है
ना आंखे ना लब छिपा पाते हैं

ग़म है सगा की चिपक जाता है जोंक सा
हर किसी के सामने आने डरता है
अक्सर इतना गहरा कि मैं ही हो जाता है

बच्चा

बहुत बार जी चाहा मेरा
उस बच्चे का गला दबाने का
जो बिन चाहे, बिन अवसर या जगह देखे
निकल आता है मुझ में से और
करना चाहता है शैतानियां, शरारतें

चाहता है
कभी बारिश के पानी में छप छप चलना
कभी किसी की जेब में पानी भर देना
किसी के कंचों के खज़ाने पर मर मिटना
या
किसी की फिरकी पर लट्टू हो जाना
सबके सामने उछलना कूदना और
बिना किसी बात के हंसना खिलखिलाना

आज फिर बचपना लिए चला आया
बुद्धिजीवी, समझदार, जवान बूढ़ों के सामने
पकड़ने चलो तो हाथ छुड़ाकर भाग जाता है
फिर कई कई दिन डर के,
छुपके एक कोने में पड़ा रहता है

नहीं मालूम उस अबोध को कि
आती हुई झुर्रियों भरे चेहरे के पीछे
छिपने वाले बच्चे किसी को पसंद नहीं आते
लोग चिर युवा तो बने रहना चाहते हैं किंतु
बच्चा बनकर बचपन में भी नहीं

बहुत दिन हो गए उसे
वो बाहर नहीं निकला
कहीं उसे कुछ हो तो नहीं गया
देखूं तो किधर है?
किंतु मुझे पता है मेरे भीतर
मेरे रहने तक वह चिर अमर है

ख़तों का ज़माना

अब कोई किसी को लिखावट से नहीं पहचानता
अब कोई टूटे फूटे लफ़्ज़ों में दिल का ग़ुबार नहीं निकालता

बस नेट से कुछ भी परफेक्ट कॉपी कट पेस्ट कर देता है
अब कोई दिनों, महीनों, सालों इंतज़ार नहीं करता

मैसेज की आवाज़ सुनते तुरंत ही पढ़ लेता है
अब हर कोई ऑनलाइन है यहाँ
वैसे एक लाइन भी नहीं लिख पाता

क्योंकि ख़तों का ज़माना गुज़र गया!

कभी देखा है

मालूम है चुप रहना है मुश्किल बहुत फिर भी
उंगली लबों पर रख, दूजे को कभी सुनकर देखा है

बढ़ना तो है ही अज़ीज़ों को छोड़कर अपने
रुकना भी मुमकिन नहीं तो क्या
जाते जाते यूं ही मुड़कर कभी देखा है

मां के आंचल की महक तो न भूली होगी अब तक
आशीष देती फटी हथेलियों को चूम कभी देखा है

लग रही है फफूंद सीलन से भरे कमरों में
ढोए ना जा सकने वाले रिश्तो को
आज़ादी की धूप दिखा के कभी देखा है

हाथ पैरों में तो अक्सर ही बांधी जाती हैं बेड़ियां
बहरों की भीड़ में चिल्ला के कभी देखा है

कुछ ना कर पाने की तड़प में भी होती है ग़ज़ब ताकत
सैयाद के चंगुल से छूट के परिंदे को उड़ते कभी देखा है

मुश्किलें तो कभी कम ना होगी ज़िंदा रहने में
ज़िंदगी चाहने के लिए समंदर में डूब के कभी देखा है

आज ही कह दूं

सोचती हूं आज ही कह दूं
फिर यह अवसर कब पाऊं

जाने क्या हो स्थिति उस समय
जब काल के गाल में समा जाऊं

क्या पता किस मोड़ पर किस चौराहे पर मृत्यु दिख जाए
दिखाती है यूं तो रौद्र रूप ही, पता नहीं मुझे कैसा दिखाए

आएगी वह भेषधर किसी व्याधि का
अथवा दुर्घटना बन सामने आ खड़ी होगी

या होगी सुंदर दुल्हन सी जो मुझे हंसते-हंसते ले जाएगी
या रात को सोई इन आंखों की फिर कभी सुबह ना होगी

इसलिए प्रतीक्षा में अंतिम क्षण की
मौन कैसे रह लूं?
निश्चय कर लिया सब कुछ
सब से आज ही कह दूं

तुम जो मुझसे रूठ गईं

तुम जो मुझसे रूठ गईं
जैसे मेरे जीवन में
रूठ गई हों मेरी
सुबहें... ताज़गी से
दुपहरी... छाया से
शामें... सुकून से
रातें... नींदों से...

तुम जो मुझसे रूठ गईं
जैसे मेरे जीवन में
रूठ गईं हों मेरी
नींदें... आंखों से
आंखें... ख़्वाबों से
ख़्वाब... ख़ुशियों से
ख़ुशियां... ज़िंदगी से
और ज़िंदगी ...मुझसे

तुम जो मुझसे रूठ गईं!

अजनबी

तुझे मैं अजनबी लगता हूं
तो चल ऐसा ही सही

भरोसा रख अजनबी की तरह ही
ना तुझसे कभी शिकायत होगी
और ना कोई उम्मीद होगी

ना मेरी ख़ुशी के लिए कभी
तुझे अपनी हसरतें भूलनी होगी

ना इंतज़ार होगा दरमियां
ना मिलने की बेताबी
ना बिछड़ने का ग़म

पर इस बात का एतिमाद[1] रख...
कि उसकी बनाई दुनिया में फिर भी
यूं ही बेइरादा मिल जाते हैं... अजनबी

कठिन शब्द : एतिमाद = भरोसा

पश्चाताप

झूठ भी सुंदर हो सकता है
गर पश्चाताप के आंसुओं में भीगी आंखें

तुम में झांक कर पूछें
मैंने ठीक किया था ना?

तो बेझिझक हां कर देना
सोख लेना सारे आंसू कांधे पर

और समझ लेना कि तब
ना मांगी जा सकी क्षमा

पश्चाताप में बहती जा रही है...

ग़ज़ल, नज़्म, गीत

रात भर हूं

(ग़ज़ल)

रात भर हूं
फिर कहां हूं

उससे पहले
तुम्हें देखूं

बस अधर यूं
तेरे छू लूं

सांस तेरी
मैं समेटूं

जाते जाते
मैं ये सोचूं

जब भी जागूं
तुझको देखूं

ग़म यूं रिसता है

मन ख़्यालों से भरता है, दिल टूट कर बिखरता है
सबब ग़म का दिल में नश्तर सा उतरता है

ग़म यूं रिसता है.. दर्द यूं टपकता है

महफिल में हंसते हैं जब बादल ग़म के घिरते हैं
बात कुछ कहते नहीं, रुंधे गले में कुछ अटकता है

ग़म यूं रिसता है दर्द यूं टपकता है

फिर सोचा निगल लें इस ज़हर को
पर सटकें तो तेज़ कांटे से वो चुभता है

ग़म यूं रिसता है... दर्द यूं टपकता है

महफिल से ऊब निगाहें ढूंढती है तन्हाई
गले में चुभता ग़म तब आंखों तक चढ़ता है

ग़म यूं रिसता है... दर्द यूं टपकता है

बेज़ुबान एहसास को मिल जाती है ज़बान
देखकर अक्स अपना, अपने हाल पर तरसता है

ग़म यूं रिसता है... दर्द यूं टपकता है

तब जी भर के बादल बन बरसती हैं आंखें
बादल छंटते ही दिल धुला आसमान हो उठता है

ग़म यूं रिसता है... दर्द यूं टपकता है

तेरे लिए

हाथ में जाम, शाम से साज़ो तमाम लिए बैठे हैं
हम हैं कि तन्हाई में काग़ज़ कलाम लिए बैठे हैं

जिसने जाते वक़्त मुड़कर भी ना देखा हमें
दर्दे दिल में, होठों पर उसका नाम लिए बैठे हैं

रहे अकेले या भीड़ में, फर्क अब कुछ पड़ता नहीं
और कुछ तो ना संभला हमसे, दिल ही थाम लिए बैठे हैं

ना देखो हिकारत से मुझ लाचार हारे आशिक को
थोड़ा बहुत ही सही, हम भी नाम बदनाम लिए बैठे हैं

डूबती धड़कनें, बेचैन निगाहें दर पर लगाए
तेरे इंतज़ार को देख ले सब इंतज़ाम लिए बैठे हैं

अजनबी की तरह ही देख ले बस एक बार मुझे
तू मासूम ही बने रहना हम सब इल्ज़ाम लिए बैठे हैं

क्या करें ?

जी बहलाने को बेशक हसीन है दुनिया
मगर ख़ुद से ही गए ऊब.. क्या करें

हालात ऐसे कि पत्थर को पानी कर दें
इंसान था इंसान हूं और मंसूब क्या करें

ज़रूरतें एक के पीछे एक खड़ी हैं कंधा थामें
किस्तों पर चल रही ज़िंदगी मगर ख़ूब क्या करें

चांद सा रौशन है वो, झील सी आंखें हैं उसकी
मगर चांद जितना ही है दूर महबूब... क्या करें

हीरे, मोती, सोने,चांदी की क़ीमत है ख़ाक सी
ज़िंदगी का हासिल है सिर्फ तेरा मकतूब क्या करें

डूबे सूरज का तय है सुबह उगना, पर हम
तेरे अश्कों में नमक बन गए डूब... क्या करें!

कहना है बाकी

उसको जाते देख यह अक्सर सोचता हूं
आज भी जो कह ना पाया तो कब कहूंगा मैं
दूर से आवाज़ देकर, उसे रोकना चाहता हूं मैं

आवाज़ रह जाती है घुटकर, क्या करूं?
चुपचाप उसकी आहटों पे, चलना चाहता हूं मैं

मर्ज़ी तेरी ही सही जब नज़र मुझ पर रुके तेरी
एक कोशिश और ठहर जाने की करना चाहता हूं मैं

उसने पूछा है ख़फा होके सबब मेरी ख़ता का
दिल के कहे में आकर ख़ता और करना चाहता हूं मैं...

क्यों नहीं रहता

जो जैसा है वो वैसा क्यों नहीं रहता
मैं मुझसा,तू तुझसा क्यों नहीं रहता

खुद से तो खासां परेशान हूं मैं
गिला ये कि हर कोई मुझसा क्यों नहीं रहता

घर के ईंट पत्थर जोड़ने में हम पुराने हो गए
घर है मगर फिर भी, नया क्यों नहीं रहता

हमने खर्ची थी जवानी जिस प्यार को पाने में
ज़रूरतों में फंसा तो जवां क्यों नहीं रहता

हर किसी की होती है कुछ तो क़ीमत साहब
वरना हर कोई बावफ़ा क्यों नहीं रहता

मैं तो क्या पैमाना भी डूब गया है शराब में
मेरे ग़मों के आगे आख़िर नशा क्यों नहीं रहता

इतना भर चाहिए

गहराने लगा तिमिर, दीया बाहर नहीं भीतर चाहिए
भोर है अशक्त, चकाचौंध तेज दोपहर चाहिए

ज़्यादा ऊंची कुर्सियों से दीखती नहीं दीनों की पीड़ा
या तो पलटे तख़्ता या हैसियत सबकी बराबर चाहिए

वो जो बन चुके हैं दरिंदे, वहशीपन में
मिसाल बन सके, ऐसा उनका हश्र चाहिए

हिम्मत, हौसला टूटने से पहले हो सकेगा इंसाफ
पर तब तक संघर्ष के लिए थोड़ा सबर चाहिए

बेशक न समझो, ना पूजो देवी बनाकर उसको
औरत को भी इंसान समझ सको ऐसी नज़र चाहिए

वो कहते हैं, ना कोई मीटर ना बह्र मेरे अल्फ़ाज़ों में
क़लम से निकली बात तुम्हें छू ले, मुझे इतना भर चाहिए

एक मुलाक़ात हो

बेहोशी घिरती जा रही है निगाहों तले
अंधेरा है चारों तरफ क्या पता रात हो

अकेले रहना है मुश्किल काम बहुत
भले दुश्मन ही सही, कोई तो साथ हो

क्यों ना तसल्ली के लिए तेरे दिये हर जवाब की
उसकी हक़ीक़त से जुड़े चंद सवालात हों

'कुछ नहीं' बताती है वो अपनी वजह बेरूख़ी की
बेवफा क्यों समझूं उसे? शायद यही बात हो!

जुदा होने से पहले बस दुआ इतनी है
आख़िरी ही सही एक मुलाक़ात हो

बोझ दिल का

किसी ख़्वाब को भला कितने साल पाला जाए
इससे बेहतर है कि हमें नींद से जगाया जाए

ज़िंदगी हक़ीक़त नहीं ख़्वाबों से रही बाराब्ता
आंखें बंद करके ज़हन में अपने जाया जाए

इसलिए कह डाला हाले दिल आपसे
बोझ दिल पे लिए क़दम एक न उठाया जाए

बेहया बाज़ार

बाज़ार है बेहया बहुत, यहां सब कुछ बिकता है
पानी हवा आग ज़मी आसमां सब बिकता है

लगी है दुकान ज़रूरत, लालच और स्वार्थ की
यहां सामान ही नहीं, दुकानदार भी बिकता है

झूठे मक्कारों की दुनिया बन चुकी है ये साहब
जहां हरिश्चंद्र बीवी, बच्चे सहित सरे बाज़ार बिकता है

रंग बिरंगी दुकानों से सजे दुनिया के बाज़ार में
फिर भी कहां मां की ममता, वक़्त और सच्चा प्यार बिकता है?

उपाय

तुझे भूलने के उपाय सारे मैंने खोज लिए हैं
ऐसी कोई घड़ी छोड़ी नहीं जिसमें तेरी याद झांक भी सके

तेरे लिखे ख़त मोड़कर गेंद बनाकर, फिर सीधा कर रखें हैं
तोहफे कोठरी में, फूल किताबों में छिपा रखे हैं

रात भर मेरे आंसुओं से तरबतर तकियों के लिहाफ़
तेज धूप में बालकनी में सुखा दिए हैं

दोस्ती तेरी भुला सकूं, तड़प दिल की मिटा सकूं
इसलिए बहुत से नए दोस्त बना लिए हैं

पर एक बात जो मैंने तुझसे अब भी छुपाई है
रोज़ ये उपाय करके मैंने दबा ली सच्चाई है

मुझे माफ करना

मुझे माफ करना ओ मेरी प्रिया
जिसने है मुझको जीवन दिया
मुझपे उसके क़र्ज़े बहुत हैं
आंसू बेचारी ने ख़र्चे बहुत हैं
उसे छोड़कर मैं आ ना सकूंगा
महलों में तेरे जा ना सकूंगा

मोहब्बत तो तुमसे मुझे भी हुई है
मगर इसकी क़ीमत मेरे बस की नहीं है

मुझे माफ करना ओ मेरी प्रिया...
माना की छोटी सी दुनिया है मेरी
पलके बिछाए राह तकती है देहरी
जो भी ज़रूरत हो पूरी करूंगा
हां पर सितारे मैं ला ना सकूंगा
घर मेरा तेरा है तेरा रहेगा
पर वो महल अपना हो ना सकेगा
अंतिम समय है तुम चुन लो पिया
जो मुझको कहना था मैंने कहा है
होगा वही जो उसने लिखा है
पर मुझे माफ करना ओ मेरी प्रिया

सोनचिरैया

रे बाबुल मेरे, मैं तेरी सोन चिरैया रे
रे बाबुल मेरे, मैं तेरी सोन चिरैया रे

ना कभी छोड़ तुझे जाऊं
मैं तेरी प्यारी बिटिया रे
बाबुल मेरे मैं तेरी सोन चिरैया रे

उंगली पकड़ तेरी चली
बाहों में तेरी झूली
तेरे कंधे से देखी दुनिया
लाडो में फली फूली
किलकारी गूंजी जब मेरी
तूने हृदय से लगाया
पायल की झंकार सुनकर
तू मन ही मन हर्षाया
तू ही पालनहार मेरा
तू ही खिवैया रे

रे बाबुल मेरे, मैं तेरी सोन चिरैया रे

तेरी आंखों से देखी दुनिया
भला बुरा सब जाना
कभी मुस्काई तेरी गोदी में
कभी ग़ुस्से का बुरा माना
हर ख़ुशी लुटाई तूने
जुटा रहा दिन रात
बुरी नज़रों से बचाया तूने
मुश्किल में बना तू ढाल
कभी सख़्त बना पत्थर सा
कभी पिघला बन मैया रे

रे बाबुल मेरे, मैं तेरी सोन चिरैया रे

आई जवानी छूटे खिलौने
मिले नए दिन रात
छूटा हाथ से मां का आंचल
छूटा... तेरा हाथ
नई उम्र के नए जोश में
आसमान में उड़ने लगी
तुझ सा ही साथी हो मेरा
हर नजर मैं पढ़ने लगी
तू चिंता में घुलता रहा
मैं ख़ुद में खोई हाय दैया रे

रे बाबुल मेरे, मैं तेरी सोन चिरैया रे

माली मेरा उदास हुआ
कली जो बन गई फूल
आएगा अनजान ब्याहने
क्यों गया तू भूल
मां तो रो लेगी
कर लेगी दिल हल्का
वो बेचारा किसको सुनाए
अपने दिल का दुखड़ा
मैं जहां भी जाऊंगी
रहूंगी टुकड़ा तेरे दिल का
चिड़िया उड़ गई आंगन से
अब खोल खिड़कियां रे...

रे बाबुल मेरे मैं तेरी सोन चिरैया रे

कल्पातीत

क्षितिज के पार

दूर कहीं क्षितिज के पार
अंबर उतरा लिए प्रश्न हज़ार
देख धरा का रूप अलौकिक

नभ बोला

युगों युगों के साथी हम, बना रहूं तुम्हारा दर्पण
करो मुझे स्वीकार तुम, करूं मैं प्रणय निवेदन

धरा बोली

सनातन है नियम यही, प्रणय नहीं यह प्रलय है
हूं क्षमा प्रार्थी, गठबंधन विध्वंसकारी अवश्य है

यदि कल्पना में भी नभ धरा का विलय हो
पूरा ब्रह्मांड हो जाए धूमिल, निश्चित ही प्रलय हो

अपार मेरी संपदा अकूत मेरा वैभव है
सूर्य, चंद्र, नक्षत्र को थामूं, इतना मेरा बल है
क्यों कर ठुकरा सकती है तू प्रणय निवेदन मेरा?
शाक पात लिए धरा तू अकिंचन, साहस कैसे तेरा?
रे मूढ़मति! नहीं जानती वीरस्य भोग्या धरा
मुझ सा वीर, सज्जन कहां पाएगी? बता ज़रा..

हे अभिमानी सुन, प्रस्ताव तेरा यूं तो है अनुचित
सिद्ध कर श्रेष्ठता अपनी, तर्क में हो विजित
यदि जीत गया तू बहस में, हार मैं मानूंगी
स्वयं को खोकर तुझ में, अस्तित्व तेरा मैं जानूंगी

तुच्छ सी है बात ये, कुछ बड़ा तो कहती
देवों का भी निकुंज मैं, आश्रय तुझे भी दूंगा धरती
सूर्य चंद्र जीवन के दो स्तंभ, जैसे मेरे दो नयन

असीमित ग्रह झोली में मेरी, चौकड़ी भरते अगण्य रतन
जीव जंतु पेड़ आदि सब मेरे भी पास हैं
भिन्न आकार धरते, धूसर मेघ देते सबका आभास हैं

धरा बोली

रे अहंकारी इसमें तेरा क्या पुरुषार्थ है ?
प्रमाण दे कुछ तो... निज प्रशंसा तेरी व्यर्थ है
देवों की कृपा से जगत में तू वंदनीय है
केवल मुझ पर संभव है जीवन,गुण मेरा अतुलनीय है
गंगा यमुना बहती झरझर, खड़ा महान हिमालय भी
भांति भांति के पशु पक्षी, साथ श्रेष्ठतम मनुष्य भी
देवता भी तरसें अवतरण को, करें युगों का इंतजार
मनुष्य रूप धारण धरते, करते जगत का उद्धार

बहुत कह ली तूने अपनी, मेरी भी कुछ ले सुन
अंतिम मेरा तर्क यही तू काट नहीं पाएगी
लोभी मनुष्य की प्रवृत्ति जान अचंभित रह जाएगी
जिस मनुष्य पर गर्व तेरा, रखता ऊंची नजर है
आकाश छूने की, चांद तारों को पाने की इच्छा उसकी अमर है

चाहे तू हो धनवान कितना संकीर्ण तेरा हृदय है
ऊंची दृष्टि रख चलने वाले ठोकर पाते ये तय है
और नीचे देख चलने वाला अकूत संपदा पाता है
अमृतसम अन्न जल ही नहीं जग में सम्मान पाता है

सत्य वचन तू कहती वसुधा तर्क तेरा अकाट्य हैं
अपितु हूं धनवान बहुत मैं, निधि मेरी अप्राप्य है
पराजय करता हूं स्वीकार अपनी, अब और कुछ ना कहूंगा
समानांतर ही सही युगों युगों तक तेरा प्रतिबिंब बनकर रहूंगा

घास का फूल

शहर के बीचों बीच, गोल चौराहे पर था कल्प उद्यान
सौंदर्य देख करते सब अचरज किंतु न कर पाते बखान

परिधि पर थे वृक्ष विशाल,
फूल वाले गुलमोहर, अमलतास, कचनार
फलों वाले आम, जामुन, अमरुद अनार

भांति-भांति के पुष्पों का सौंदर्य कम ना था
कभी इतराते गुलाब, गेंदा, सूर्यमुखी चंदा और चमेली
तो दिल लुभाते हरसिंगार, रजनीगंधा और मोगरा कली

सब थे एक बराबर उपवन को, सब महत्वपूर्ण थे
स्व प्रशंसा सब करते रहते पर, पर प्रशंसा में बहुत कृपण थे

ऐसे सुंदर उपवन में धरती पर बिछी थी दूब
करते सब अपमानित उसको यद्यपि रहती ताजा,हंसती ख़ूब

एक दिन उस घास पर निकला एक नवजात कुसुम
नन्हें से सूरज जैसा, औरों को देख सुन हुआ गुमसुम
फूलों का जीवन तो दो दिन उस पर सब उसको
चिढ़ाते कि कमज़ोर कुरूप कुसुम तुम
लो शेष क्षण गिन

निराश कुसुम बोला मां से, ईश्वर ने मुझे बनाया क्यों
इतने सुंदर पुष्प बनाकर मुझे कुरूप बनाया क्यों?
पुरुष आते हैं तो फूलों से लदे वृक्षों के नीचे बैठते हैं
स्त्रियां आती हैं तो चंपा चमेली और मोगरे समेटती हैं

और बच्चे तो चाहें गेंदा गुलाब उनसे भरते हाथ हैं
इन फूलों के आगे अस्तित्व शून्य मैं, मेरी क्या औकात है?
क्यों कर देखेगा कोई, भला क्या मैं कर पाऊंगा?
आज भर का जीवन शेष मेरा कल यूं ही मर जाऊंगा

दुख में भीगा, संताप में बैठा, यही सब रटने लगा
एक छोटी सी बच्ची को आता देख, मुंह फेर बचने लगा
देखो मां, कितना सुंदर है! कितना प्यारा है!
हां बिल्कुल, तुम्हारी तरह छोटा सा, सबसे न्यारा है

हौले से सहलाया उसको, बच्ची ने प्रेम से पुचकार लिया
अर्थ पूर्ण हुआ जीवन उसका, दूब कुसुम ने जी, सारा संसार लिया

निश्चिन्त हो मूंदी आंखें उसने, थी ये उसकी अंतिम रात
रात भर चली आंधी तूफान संग, तेज़ हवाएं लाईं बरसात

चमत्कार हुआ सुबह जब, फिर खोली उसने आंख
एक दिन का और पाया जीवन देखा मां की ओर
उसकी हंसी उड़ाने वाले, कमतर उसे बताने वाले,
मरे पड़े थे चारों ओर
ख़ुद को खड़ा रखा रात भर, पकड़ छोटी सी शाख
समझा महानता प्रभु की, देता उनको कोटि-कोटि धन्यवाद

नदी की नियति

पर्वत की गोद से निकली एक नदी
फूट पड़ी थी नन्ही सी धारा बनकर

बड़ी ही सहजता से बलिष्ठ बाज़ुओं में थाम उसे
पर्वत की स्थिर सूनी सी दुनिया में आ गई गति

किंतु नीचे उतरते उतरते नदी
विशाल से विशालतम हो गई
पर्वत की गोद उसके लिए अब पड़ गई छोटी
दूर खड़े पर्वत की पुकार गूंजती रह गई

यौवन के उन्माद में अल्हड़ नदी निकल पड़ी
अनदेखे अनजाने टेढ़े मेढ़े रहस्यमयी रास्तों की ओर

और अंततः जा डूबी विशाल समुद्र में
लुटा अपने गुण सब, सौंदर्य अस्तित्व

मीठे पानी की नदी हो गई खारी,
खोकर अपना सर्वस्व!

गिरी धौम

कल कल बहते झरने, लताएं अनगिन कुसुमों की
मखमली मनोहर घास, छतरी ताने घनी घन मंडली
अचरज की तो बात ही थी वसुधा का वह अंग विशेष
कट गिरा हो स्वर्ग से जैसे अप्रतिम सौंदर्य धर वह प्रदेश

उसी प्रदेश में शैलों की श्रृंखला में थे खड़े आमने-सामने
एक गिरी तो दूजा धौम, गड़े सदियों से एक दूजे को ताकने
यूं तो और कितनी ही छोटी बड़ी पहाड़ियां वहां थीं
बेजोड़ सौंदर्य में किंतु गिरी धौम सी गौरवशाली कहां थीं

गिरी थी सुघड़ सुलक्षणा, धौम ऊंचा मतवाला था
संगी बन बतियाते रहते, जाने क्या होने वाला था
बहते जल से पुलकित होते, इंद्रधनुष देख चहकते
दिनभर मेघों को टोक छेड़, रात भर तारों को तकते

कुछ और सदियां बीतीं, काल ने फिर करवट ली
पशु पक्षी पाषाण सब बदले, आई घड़ी परिवर्तन की
सत्य था कि पैर गड़ा, लगाए अपना सामर्थ्य सकल
अटल थे वे अपने स्थान पर, पर परिवर्तन और अटल

आया यौवन, देख प्रकृति गिरी धौम भी बदलने लगे
मादक सुवास भरी नासिका में, हृदय चक्षु खुलने लगे
डोली धरती, नभ गिरा, देखकर जो वहां घटने लगा
पाषाण हृदयों का स्पंदन सकल जगत सुनने लगा

बीते बरस और कुछ, वे और कुछ खुलने लगे
एक दूजे के प्रेम में, पाषाण हृदय धड़कने लगे
आया समय वह भी, जब उपाय ना और चलता था
एक दूजे को ताकने भर से काम अब न चलता था

हूक हृदय में उठती रह रह, स्पर्श की आलिंगन की
प्रियतम के सामिप्य की, उत्कंठा पिय के मिलन की
किंतु हाय रे नियति, कुछ ना वे कर सकते थे
चलना तो बात दूर की, हिल भी ना वे सकते थे

जितने दिखते थे वे ऊपर, उतने ही मही में गड़े थे
सूरज, चांद, धरा की मानिंद, सदियों से वे खड़े थे

अहंकार था जिस पर अब तक, तथ्य वही चुभने लगा
धौम गिरी का सारा शोक क्षोभ, नियति पर खुलने लगा

हे प्रभु! इस विशाल देह, अप्रतिम कद का क्या करूं
बना दो चाहे कीट पतंगा हमको, विनती बस यही करूं

किंतु भला कहां... विधि का लिखा बदलने वाला था
पाषाण हृदयों की आहों से कहां वह पिघलने वाला था

धौम दिन-रात अपने स्थान से हिलने की कोशिश करता था
असंभव ही सही मगर, प्रयास कर कर न थकता था

शैल सुता तो नारी हृदया धीरज धरे चुप रहती थी
प्रेमाग्नि हृदय में समेटे बस उस को देखा करती थी

किंतु प्रेम तो उन्मत्त नदी सा खोज ही लेता निज पथ
सब मार्ग बंद हो तब भी होकर रहता प्रियतम रत

अंततः संघर्ष छोड़, संतापमय धौम रहने लगा
वियोग, हताशा में थोड़ा थोड़ा रोज झरने लगा

धरती, आकाश, दिनकर, चंद्र देखकर हैरान थे
प्रतिदिन घिसते धौम के जाने वाले बस प्राण थे

गिरी दूर से ही देख रोती सिसकती, पर कुछ ना कहती
पीर प्रीतम की नयन मूंद भला कब तक देख सकती

मिल मही में, महीन कण बन, धौम झर झर के
साथ पवन उड़ चला चूमने गिरी के चरण कमल

क्षरण धौम का प्रेम हेतू देख गिरी भी रो पड़ी
विराहाग्नि लावा बन उसके हृदय से फूट पड़ी

तपते लावा ने धौम के हर कण क्षरण को किया आत्मसात
किंतु संग पीके जाने को, अस्तित्व अपना गिरि ने दिया त्याग

रो पड़ी प्रकृति फूट फूट, भावुक हुए प्रथम पुरुष भी
प्रेम प्रथम और अंतिम पाठ है, जीवन भी और मरण भी

पाषाण हृदयों की प्रेम कथा ये अद्भुत है, अमर भी
यदि प्रेम हो सच्चा तो राह निकलेगी असंभव भी

यदि देखो टूट टूट झरता कोई पर्वत या चट्टान
या फिर ज्वालामुखी से निकलती हो अग्नि महान

कौन जाने उनका भी कोई इतिहास अथवा कथा हो
गिरी धौम की भांति सुनाने को अपनी विरह व्यथा हो

एकांत

एकांत

एकांत से तो रोज़ ही गुज़रती हूं
शुरू शुरू में लगता है जैसे एक संकरी गली हो

किंतु धीरे-धीरे वह विशाल होता जाता है समुद्र सा
वहीं कहीं रहती है ख़ामोशी भी
एकदम से दिखाई नहीं देती...रहती है अदृश्य सी

देखने से नहीं मिलेगी, पुकारने से भी नहीं
आंखें बंद करके महसूस करने से दिखाई देगी

ये एकांत की प्रेयसी है...
युगों युगों से एकांत को समर्पित
इसका हृदय बहुत विशाल है
भेदभाव नहीं करती किसी के साथ
हर हारे हुए को समेट लेती है आंचल में अपने

और एक मेरी ख़ामोशी है
ज़रा सिरफिरी... ज़रा बावफा है
जो तन्हाई में ही नहीं, भीड़ में भी मेरा पीछा करती है

लेकिन आज...
मैंने अपनी ख़ामोशी को एकांत को सौंप दिया
और उसके आकाश में उड़ गए थे एहसास मेरे
बह रहे थे आंखों से ग़म, ख़्यालात कलम से रिसने लगे

जब दिलो दिमाग़ सब चुक गए
तब हो रीते... हम जीते
उठ चले एकांत से, फिर आने का वादा करके

मौन की भाषा

जब कोई कुछ नहीं कहता
एक नाद का स्वर भी नहीं उभरता
सो जाती प्रकृति सारी, सब हो जाते चुपचाप
नींद के आगोश में समा जाते, तब ना उठती कोई आवाज़

फिर भी कुछ है जो कभी सोता नहीं गुम हो जाता है,
दुनिया के शोर में किंतु एक पल भी बीतता नहीं
जब वह होता नहीं...

प्रश्न है कठिन, पहचानो वह कौन है? समझना मुश्किल है उसको,
फिर भी सब कह दे जो, वो मौन है

जिस तरह समझ लेती है, अबोध बालक को मां
सिखा देती है ममता उनको मौन की भाषा

झांक कर उसकी आंखों में, देखकर उसका चेहरा
लिखती है हर रोज़ वात्सल्य की नई परिभाषा

जब बिन कुछ कहे ही मिल जाते हैं दो हृदय
क्योंकि सुन पाते हैं वे मौन को, हो जाते हैं विलय

तब खिलता है पुष्प प्रेम का, हर अंतर मिट जाता है
छूट जाता है छोर समय का...

और फिर एक दिन...
जब टूटता है हृदय...
बिन कुछ कहे... पीछे रह जाता है
विशुद्ध मौन...

शोरोगुल में ख़ुद को भुलाने वाले
क्या तुझे यह भी पता है?
दुनिया में जो कुछ भी सुंदर है, वह मौन में ही घटा है

छीना है सब कुछ तेरा, तुझे तेरी महफिलों ने छला है
जो कुछ है पास तेरे... तुझे एकांत और मौन से मिला है

हर जीव की यात्रा आरंभ होती है मौन से
और समाप्त भी होती है मौन पर ही

सिर्फ विध्वंस, विनाश के लिए ही शोर चाहिए
हर सृजन, चिंतन, मनन के लिए बस मौन चाहिए

मौन रहती है धरती, चुप रहता है नभ भी
ईश्वर का प्रसाद बन फूटती है कलाएं तब ही

चित्रकार जगत का, मौन की लेखनी से लिखता है
सोलह श्रृंगार करती है वसुधा...
रंग नित नये भरता है

चाहोगे मौन को पाना तो भी पा ना सकोगे
तुम्हारे बस में है केवल एकांत, विचारों से उठकर जा ना सकोगे

मौन को पाना है तो मन को जीतना होगा
देह में रहकर भी वैदेह बन सीखना होगा

अकेला होना

एक कमरे में अकेला होना
आज़ादी भरा होता है

और घर में अकेला होना
होता है ज़िम्मेदारियां भरा

दुनिया में अकेला होना
तनाव और अवसाद भरा

किंतु अपने भीतर अकेले होना
होता है शांति और सुकून भरा

कटाक्ष / व्यंग्य

जंगल राज

एक बार की बात है... दूर कहीं था एक जंगल
बीच में बहती थी नदी, उस पार था दूसरा जंगल
जंगल था बहुत घना, सब की नज़रों से दूर
सभी जानवर रहते उसमें, हाथी भालू और लंगूर
बंदर, भेड़िए, हिरण लोमड़ी और सियार
मेंढक, सांप, कुत्ते बिल्ली और पक्षी भी थे हज़ार

किंतु सबसे ख़ुश थे भेड़िए, लोमड़ी और सियार
चलता था राज उन्हीं का... बन बैठा वह शाही परिवार
सब वैभव समेटे उन्होंने, उनके लिए सब अच्छा था
एकछत्र शासन था उनका, क्योंकि
जंगल में शेर नहीं, शेर का बस बच्चा था

सभी जानवर सुनते ध्यान से, वादे उनके निराले थे
कोई विकल्प था नहीं उनका सो गद्दी पर डेरा डाले थे
नदी पार कर आते दूसरे जंगल के जब जानवर
करते रहते शिकार जब तब आफत थी सबकी जान पर
बदले में मोटा माल राजवंश को भी मिलता था
इसलिए मुंह में दही जमाए पूरा ख़ानदान रहता था

फिर एक दिन ऐसा भी आया
जब सिंह शावक ने यौवन पाया
अंगड़ाई लेकर सर उठाकर, भरी उसने हुंकार
सारा जंगल कांप उठा दहाड़ सुन, मच गया हाहाकार
राजमहल के हिल गए खंभे, चिंता में पड़े सब सियार
कैसे कटेगी बाकी ज़िंदगी, कैसे बनेगा राजा राजकुमार

जब अगली बार आए पड़ोसी शिकारी जानवर
दुम दबाकर भाग उठे सब, शेर के बारे में जानकर
जल्दी ही शेर जनता की नज़रों में आगे बढ़ गया
एक पंजा सिंहासन पर और दूजे में गद्दी चढ़ गया
सियार कुटुंब भागा वहां से होके हवा पर सवार
कैसे वापस पायें सत्ता करने लगा विचार

मिल जाए गर दुश्मन और यार
एक होकर कर सकते हैं वार
लोमड़ी थी सबसे सयानी
बोली पास आकर
बल से तो ना जीतेंगे उससे
जीतेंगे चालाकी और छल से

सबको पास बुलाकर लोमड़ी ने युक्ति सुझाई
आनन फानन में सभी जानवरों की सभा बुलाई
सबको अनोखे दिए प्रलोभन
सबके लिए बिछाई गद्दियां
एक सुर में लगे अलापने
सांप नेवले, चूहे और बिल्लियां

सबने मिलकर दावा ठोका
जाकर राजमहल पर
हाथी लगा धमकाने शेर को
संख्या बल भारी पड़ा एक अकेले शेर पर

उसने सबको ख़ूब समझाया
पर लोभियों के समझ नहीं आया

तब शेर ने छोड़ा महल और
दूर जाकर अपना डेरा जमाया
जाते ही उसके फैली अव्यवस्था
मचने लगा उत्पात
एक दूजे की पूंछ लगे खींचने
फैली मारम काट

राज परिवार दूर से सब देखता रहा
छोटे-बड़े जानवर मरते रहे
वह अपनी रोटियां सेंकता रहा
गद्दी पर फिर बैठे सियार नरेश
सर पर पहना ताज

बदहाल हुए सब जानवर
आया जो जंगल राज

आ गए चुनाव

आ गए चुनाव, भैया आ गए चुनाव
बंटने लगी रेवड़ियां सुलग उठे अलाव

पकने लगी खिचड़ी, रंधने लगा पुलाव
बनी नाटक मंडली, हो रहे छद्म छलाव

बेबी बाबा बड़े हो गए, बूढ़े हुए जवान
पर्चा चुनाव का भरके, चोट्टे भये महान

बेगुणों में खोद खोद गुण खोजे जाने लगे
गठबंधन नित्य नए शत्रुओं संग बनाए जाने लगे

कभी टिकट के लिए मारामारी, फूटे सिर और हाथ
कहीं कमल तो कहीं झाड़ू, हाथ से निकली बात

भेड़ियों ने सिलवाईं भेड़ों की खालें
मिमिया मिमिया, भेड़ों को ललचा लें

जीत के बाद हर एक का एक ही इरादा
हर भेड़ के लिए 'ऊन' की शॉल का वादा

देश प्रेम

देश भक्ति के मायने

देश भक्ति कोई साज़ो सामान, कोई परिधान नहीं
जिसे संभाल कर रख दिया जाए पहन कर पर्व पर

यह तो सच्चरित्र की पराकाष्ठा है
जो हर घड़ी हमारे व्यक्तित्व में झांकती है

जब भी जब सिनेमा हॉल में राष्ट्रगान के बजते ही
झिझक और शर्म के मारे बैठे रहते हैं कई
पर सबसे बेपरवाह देशभक्त
खड़ा हो जाता है ताने सीना

तब भी जब भारत माता का जयकारा लगाने में
घुट कर रह जाती हैं आवाज़ अच्छे ख़ासों की
भूखे पेट भी देश प्रेमी की बुलंद हुंकार खड़े
रोंगटे कर देती

तब भी जब रास्ते में गिरे हुए किसी कागज़ के तिरंगे को
अनदेखा कर बढ़ जाते हैं लोग, फोन पर बतियाते हुए
तभी कोई माथे से लगाकर उसे सम्मान से रखता है

जब उग्र भीड़ "बोल की लब आज़ाद है तेरे"
का राग अलापती है
या अपनी मांगे मनवाने को देश की संपत्ति
को आग लगाती है

तब सीमा पर शहीद कोई ख़ामोशी से ताबूत में
कफ़न तिरंगे का ओढ़ अपने घर अपने गांव लौटता है

जब तथाकथित बुद्धिजीवी देश हित की हर बात में
ढूंढते हैं कोई बुराई, अन्याय या भेदभाव की बात

एक सच्चा देशभक्त मौन हो करता है समाज का उत्थान
बिना रुके, थके, देश की प्रगति में देता है अमूल्य योगदान

मेरे देश की धरती

मेरे देश की धरती कैसे कहूं
मैं कितना तुझसे प्यार करूं

मेरे दिल में बसी है तू
मेरी जान में बसी है तू
सांसों में रची है तू
ईमां में बसी है तू

छुप-छुप कर छुटपन में
मैंने खाई तेरी माटी
ये हाड़ मांस सब तेरे
ये रक्त धार तुम्हारी

आशीष दे मां मुझको
सर्वस्व हो समर्पण
जब भी धरती पे आऊं
तुझ पे ही पाऊं जीवन

मेरे देश की धरती कैसे कहूं
मैं कितना तुझसे प्यार करूं

या तो बनू मैं फौजी, खाऊं सीने पे गोली
ओढ़ तिरंगा लौटूं गर्वित हो मां की झोली
या फिर करूं मैं खेती, तुझ संग गुज़ारूं जीवन
भूखा ना सोए कोई, संतृप्त हो हर निर्धन

मेरे देश की धरती, कैसे कहूं
मैं कितना तुझसे प्यार करूं

या फिर करूं कुछ ऐसा
सम्मान बढ़ाऊं तेरा
सद्भाव बढ़ाऊं सबसे
हो सुख शांति का डेरा

चाहे बनू मैं इंसा
चाहे बनूं परिंदा
मिट्टी का तिलक लगाऊं
जब तक रहूं मैं ज़िंदा

मैं अगले जन्म में जो भी बनूं
बस तेरा ही गुणगान करूं
मेरी मां से बड़ी है तू
भगवान से बड़ी है तू...

मेरे देश की धरती कैसे कहूं...

जीवन दर्शन

जीवन प्रेम और धर्म

बचा सको तो बचा लेना
कुछ बीज, पेड़ और पौधे
ताकि बची रहे शुद्ध हवा
और चलता रहे धरती पर जीवन

बचा लेना कुछ पहाड़, कुछ नदियां
ताकि मिट्टी की कोख सदा जल से भरी रहे
बचा लेना जीवों के जोड़े, स्त्री पुरुष की उर्वरा
जिससे सदैव हरा भरा रहे धरती का आंगन

बाकी सब कुछ छोड़ बचा लेना ...केवल प्रेम
ताकि अनुगृहित हो "उसके" त्याग सको प्राण
बचा लेना कुछ आंसू... दूसरों के दुख के लिए
और अपने दुख के लिए संभाल लेना कुछ मुस्कुराहटें

बाकी बचा धर्म ...उसे मत बचाना
बस... यथाशक्ति उसे निभा लेना !

रोटी कपड़ा और मकान

मां है रोटी सरीखी...
जीने को बहुत जरूरी
पिता है मकान...
बच्चे का आसमान
बेटी, बहन है कपड़ा
जिनसे बढ़ता मान
जीने को ज़रूरी है
रोटी कपड़ा और मकान

इनसे भी ज़रूरी प्यास बुझाता जल
प्रेम है जल, बिन प्रेम जीवन विफल
किंतु सबसे ज़रूरी आती-जाती श्वास
यानी स्वयं तुम, तुम्हारा आत्मविश्वास!

मिट्टी की मैं

मद में मुद्रा के, ना बिसरा मृदा को
मुद्रा है पड़ाव भर, मृदा गंतव्य है

अहम ने "मैं" को कभी हम होने ना दिया
निज प्रशंसा में आसक्त यद्यपि तू स्वयं है

मैं मैं तू करता ना थकता, फिर भी मैं को समझ ना पाया
इस धरा की तो जोड़ी तूने, पर परा की कमा न पाया

मृदा से निकली मुद्रा को मिट्टी फिर पुकार रही
मिट्टी की "मैं" है तेरी, मुर्दा देह ये जता रही!

किसने देखा?

आंखों ने देखा है कब?
अगर उनमें ज्योति न हो
ज्योति ने देखा है कब?
जब तक रौशनी न हो

ये तीनों मिल भी जाएं अगर
फिर भी देखने को लाचार नज़र
देखें कैसे? अगर ध्यान न हो...
ध्यान भी हो यदि तब भी

देखने वाली है मात्र ज़रूरत ही
कवि को जब चांद में दिखे रूपसी
भूखे को चांद में दिखे बस रोटी तभी!

पाना और खोना

जीवन यात्रा किसी की कभी ना रही सुग़म
कृपा है ईश्वर की यात्री तो बने कम से कम
राह कंटक भरी, पथरीली ही रहेगी तब तक
एक भी श्वास यदि है शेष, संघर्षमय है जीवन पथ

वर्षों से है निराश, उदास जैसे कुछ पाया ना हो
अकारण ही ढोते जीवित शव, यदि साथ निज साया ना हो
मूर्ख मन,खोल ज्ञान चक्षु, संभव है तूने शत प्रतिशत लगाया ना हो
ऋतु आने पर होता सब कुछ, यूं ही असमय समय आया ना हो

माना कि पाना ही जीवन का सार है किंतु
अर्थ इसका ये नहीं कि खोना निस्सार है
जितना संसार से पाते नहीं उससे अधिक खोते हैं
जीत का उत्सव मनाते नहीं, पराजित हो रोते हैं

पाते हैं मात्र धन, प्रेम, प्रसिद्धि, गंवाते अनगिनत हैं
पाने के लिए इतना हैं दौड़ते
कि खोते-खोते स्वयं भी खो जाते हैं
अपनों के हिस्से का समय और आराम बेचकर
सोचते हैं विश्राम करेंगे, दौड़ जीवन की समाप्त कर

अनंत काल से यही होता आ रहा है
और और धरती पानी को मनुज दौड़ा जा रहा है

यद्यपि जानता है कि मात्र दो गज़ ज़मीं ही उसके काम आएगी
किंतु मृत्यु से पहले मूढ़मति तुझे मति कब आएगी

किसान

एक किसान बोता है जब बीज
तब वह सिर्फ बीज ही नहीं बोता
बीजों के साथ ही वह बो देता है
हरी पत्तियां, रंगीले फूल, रसीले फल

ठीक उसी तरह मनुष्य भी
कुछ भी कर्म करते वक्त
सिर्फ कर्म ही नहीं बोता
उसके साथ बो देता है
उसके स्वप्न, उसके लक्ष्य
वर्तमान में जीते हुए भी
बोना चाहता है भविष्य
तभी तो वह न बन सका कृष्ण
रह गया मात्र मनुष्य!

स्वप्न

भोर भयी, टूटी निद्रा
टूटा स्वप्न सुनहरा

बन मूक मत मनाओ शोक
अंततः वो स्वप्न ही ठहरा

दुःख मनावे मूढ़ मगज मन,
चिर स्वप्न इसे बिसरा

सोये तो देखे लघु स्वप्न
जागे तो जीये दीर्घ स्वप्न

छन छन छन छूटा जाए हाथ से
चाहे जितना कर लो जतन

सुख और दुख

एक दिन दुख और सुख बैठे बतियाने
अपने अपने मन की एक दूजे को सुनाने
अकड़कर सुख बोला

मुझे ही पाने को हर व्यक्ति बेचैन है
दिन में मेरी कल्पना, स्वप्न में बीते रैन है

मेरे पीछे भागे हर कोई, सबको मेरी ही तृष्णा
भीतर भीतर सोचे मुझको अधरों पर रखे कृष्णा
दुख बोला

बंधु बात तुमने जो कही, शत प्रतिशत सही
मुझ अनाथ को चाहने वाला कोई जन नहीं

किंतु मैं व्यर्थ में कभी भी नहीं आता हूं
ढर्रे पर चलते जीवन में नई चुनौती लाता हूं

आता हूं तो अपने पराए का भेद बतलाता हूं
धीरज धरना सिखा ईश्वर में आस्था जगाता हूं

और तुम हो मात्र क्षणभंगुर स्वप्न सरीखे
मनुष्य वही जो सम रहना सुख दुख में सीखे!

नए साल में नया क्या है ?

साल गुज़रने के बाद सोचा है अक्सर
नई डायरी, नए कैलेंडर से इतर...
नए साल में नया क्या है ?

वही गली, आंगन, वही घर
वही रास्ते वही दफ्तर
फिर नए साल में नया क्या है?

वही कक्षाएं, वही परीक्षाएं ,
वही किताबें, वही बस्ता
वही हड्डी, वही खाल
वही रोटी, वही दाल

फिर क्यों इतना हो हल्ला, बवाल
सोचा ध्यान से तो मिला यह जवाब

नई उम्मीद, नई उमंग लेकर आए नव वर्ष
सब कुछ अच्छा होगा यह विश्वास
कुछ नया करेंगे, बड़ा करेंगे ये आस

इसलिए मनाओ उत्सव, जताओ आभार
नव वर्ष आया जीवन में, इससे बड़ा क्या है ?
ना फिर सोचना, नए साल में नया क्या है?

एक टुकड़ा ज़मीन का

ज़मीन पे खड़ा हर इंसान
छूना तो चाहता है चांद[1]
मगर है अनजान
उस चांद का भी है एक चांद
उसका ही नहीं हर चांद को
दिखता है एक नया चांद
पर जो है सबसे बड़ा चांद
वह चांद नहीं ढूंढता
ढूंढता है अपने लिए
बस एक टुकड़ा ज़मीन[2] का!

(1. चांद: रोल मॉडल, 2. जमीन: शांति/ सुकून/सहारा)

बेज़ुबान भी बोलते हैं

दरवाज़ा

दरवाज़ा आने जाने वाले सबको देखता है
पर खुलता उसके लिए ही है जो दस्तक देता है प्यार से
सख़्ती करने पर वह खुलता नहीं, टूट जाता है

दरवाज़ा लेकिन पिछली सदी जैसा नहीं रहा
जब वह अंदर बाहर दोनों तरफ खुलता था
मगर आज बाहर की तरफ तो खुलता है
मगर भीतर खुलने की कोई संभावना ही
नहीं छोड़ी इंसान ने

लकड़ियों के दरवाज़ें,सांकल,कुंडी के सहारे
सुला देते थे सुकून से इंसान को दिन भर की थकान से

आज लोहे का होकर कैमरे और आई होने पर भी
एक अघोषित,स्वपोषित डर में जीता है

आदमी...आदमी पहले ईमानदार था बहुत
दरवाज़ा न होने पर भी टाट,पर्दे, चिक
सबका एहतराम रखता था दिल में

यहां तक कि टाट, परदे,चिक ना होने पर भी
आंखों की शर्म भी बहुत थी रिश्ते नाते निभाने को
इंसान जितना हिंसक, ताक़तवर होगा
उतना ही डरपोक होता जाएगा

और तब
भविष्य के दरवाज़ों को और भी मज़बूत और
सख़्त होना पड़ेगा

बिस्तर

मख़मल सा मुलायम तो कठोर जैसे पत्थर
न जाने किस किस तरह का होता है बिस्तर

किसी का गद्देदार सेज सा, सजता किसी का सड़क पर
किंतु फिर भी सबके लिए चुंबक जैसा होता है बिस्तर

कहने को तो एक से एक होता है बिस्तर
पर भला मां की गोद से बढ़कर कहां होता है बिस्तर

दिन भर की थकान से चूर, जब जाते हैं गिर
ले अपने आगोश में ख़्वाबों से परिचय कराता है बिस्तर

कभी उछल-कूद, धमा चौकड़ी मचाते बच्चों का सगा बनकर
तो कभी प्रेम से सराबोर, प्रीत भरी यादें सहजता है बिस्तर

प्रियतम के विरह में करवटों सलवटों से जाता भर भर
तो बिन कहे कभी किसी की बेवफाई की कर देता ख़बर

कभी नाराज़गी भी दिखाता, नींद सोने वाले की हड़प कर
किसी व्याधि या अंतिम घड़ी में तो, जोंक सा हो जाता है बिस्तर

जीवन भर की दौड़ धूप मेहनत हो पाती इसी आस पर
कि सबसे निपट कर रात में मिले देर तलक अपना बिस्तर

हास्य / बाल रस

देहात का आदमी

देहात का आदमी आ पहुंचा है दिल्ली शहर
सुना है दूर-दूर से आते हैं यहां लोग रोटी कमाने
हुआ हैरान देखकर इतनी भीड़भाड़, चौधरी की
बारात में भी ना थे इत्ते एक साथ

कोई इधर भाग रहा, कोई उधर दौड़ा जा रहा
कोई रातों की नींद, तो कोई कलेवा सुबह का छोड़े जा रहा

रेल से उतर,पूछते पाछते पहुंचा राजीव चौक
इधर-उधर भागते लोगों को देख राजीव क्या
हर जीव जाएगा चौंक
भगदड़ में कहीं कुचला ना जाऊं... आंखें मींच,
बैठा फर्श पर, चीख़ रोक

शायद यहां बम कोई फटने वाला है।
या
उसकी खोपड़ी में तमंचा चलाएं बिना डाकू नहीं हटने वाला है

भला हो मां का, उसका आशीष और देसी घी काम आया
हिम्मत कर देखा ऊपर, दिल को लोहे का बनाया

कुछ घूम स्टेशन पर फिर मेट्रो में चढ़ा
सब महिलाओं के बीच अटपटा सा देहाती खड़ा
ढंग बेढंगे कपड़ों में खड़ी लड़कियों को जी भर देख भी ना सका
"यह लेडिज कोच है" सुन आगे बढ़ा, सफर की थकी आंखें सेंक भी ना सका

अब पहुंचा अपने कोच जहां पब्लिक बैठी कम ज़्यादा खड़ी थी
पैर रखने की भी जगह नहीं थी,अजब मुसीबत गले पड़ी थी

जो हुआ सो हुआ, सांप सी सरपट मैटरो उसे बहुत भली लगी
दिमाग की नसें कुछ खुली जब छत से आई हवा ठंडी लगी

सोचा उसने अब क्या किया जाए? क्यों न किसी से कुछ पूछा जाए?

मगर यह क्या? इतनी भरी मेट्रो में भी कोई किसी से बात नहीं कर रहा
कम उम्र का लड़का एक बीमार सा कुछ लग रहा

देहाती पहुंचा पास उसके.. बोला क्या हुआ लला?
लला ने देखा घूर के, क्रोध भरा लला निकला

देहाती चुप समझ गया... यह क्या गड़बड़ झाला है?
कानों में लगी है बैटरी तार... फोन पर इसका निकला दीवाला है

जब घुमाई गर्दन चारों ओर देखा एक ही नज़ारा
कानों में छोटी-छोटी बैटरी लगाए हर कोई
अपने फोन पर व्यस्त था
कोई खेल रहा, कोई देख रहा, हर कोई फोन के नशे में मस्त था
दोस्ती की तो छोड़िए यहां कोई किसी से बात भी नहीं करता
अपने गांव की चौपाल की रौनकें देहाती को याद आने लगी
किसी भले मानस को समाधि से उठाने चला था कि मेट्रो
भी सुनाने लगी

"किसी अनजान व्यक्ति से दोस्ती ना करें"
सुनकर देहाती दिमाग खुजलाने लगा
एक बिल्कुल सीधा सा प्रश्न पूरी ताकत से कुलबुलाने लगा

दोस्त तो अनजान को ही बनाते हैं
जानकार तो रिश्तेदार होते हैं,
जो अपने आप चले आते हैं

शहर के लोग अजनबियों को दोस्त नहीं बनाते
शायद इसलिए उनसे दुश्मनी है निभाते

सड़कों चौराहों पर खुले आम होता हिंसा का नंगा नाच
बात बात पर क्रोध और हताशा में ख़त्म होता कल और आज

कैसे वह रहेगा यहां? कैसे रोटी कमाएगा
हिक़ारत से देखेंगे सब, उसे भी दुश्मन समझ जाएगा

ऐसे शहरों से देहात सौ दर्जे भला...
सब विचार कर देहाती देहात वापस चला

विदेशी चूहा

नन्हे बिल्लू के घर थी पूसी बिल्ली
दिनभर करते धमा चौकड़ी, उड़ाते सबकी खिल्ली

पूसी के साथ खेल में बिल्लू रहता इतना मस्त
पढ़ाई तो गई चूल्हे में, घर भी रहता अस्त व्यस्त

क्या आंगन, क्या बालकनी, और क्या रसोई
एक दूजे के पीछे-पीछे, जगह न छोड़ते कोई
किंतु जब रोज बिल्लू स्कूल जाता था
बोरियत से पूसी का ध्यान दरवाज़े पर ही ध्यान जाता था

बिल्लू की शैतानियों से होकर परेशान
मम्मी पापा तंग आए
उसको अलग तरह पढ़ाने के लिए कंप्यूटर ले आए

भूल गया बदमाशी बिल्लू, रहता कमरा करके बंद
पढ़ता था, जाने खेलता था, पूसी को ना आया पसंद

फिरी फिरी रहती थी खिसियाई पूसी, रहती मन मसोस
जिस रोज़ कंप्यूटर आया उस दिन का करती अफसोस

तभी पापा दफ्तर से घर आए
बिल्लू बिल्लू कहां हो? जोर से चिल्लाए
बिल्लू बोला अनमना सा...अरे पापा क्यों चिल्ला रहे हो?
मुझे गेम में तो हरवा दिया अब क्यों बुला रहे हो?

सॉरी बेटा... छोड़ो ये सब... देखो मैं क्या लाया हूं?
बॉक्स में तुम्हारे लिए इंपॉर्टेंट माउस लेकर आया हूं

बिल्लू के नाराज़ मुख पर घनघोर ख़ुशी छाई
पापा से बक्सा लेकर उसने कमरे की दौड़ लगाई

पूसी जो चुप थी अब तक, झट से हरकत में आई
इंपॉर्टेंट माउस शब्द पर उसने अपनी बुद्धि दौड़ाई

इंपोर्टेड माने विदेशी और माउस माने चूहा
मतलब कि पापा बिल्लू के लिए विदेशी चूहा लाए हैं

अब तो वह उसी के साथ खेलेगा
उसी के साथ बिताएगा समय मुझे क्यों देखेगा?
एक नई चिंता ने पूसी को घेर लिया
ये सोचकर दुख से उसने मुंह फेर लिया

पूसी के दिमाग में शैतान जाग उठा
विदेशी भले हो चूहा, भला कहां तक भागेगा
एक पंजे में कर दूंगी चित्त, सीधा मेरे पेट में जागेगा

पूसी ने अपने दांत ही नहीं नाखून भी तेज़ कर लिए
और किसी साधु की तरह अपने कान बिल्लू के कमरे पर धर दिए

आख़िर एक दिन पूसी को मौक़ा लग गया
ऐसा लगा कि नो बॉल पर उसका चौका लग गया

पहुंची दबे पांव बिल्लू की स्टडी टेबल पर ढूंढा चारों ओर
कहां मर गया विदेशी चूहा? खोजा करके ग़ौर

तभी वह डब्बा देखा जो पापा लेकर आए थे
जल्दबाज़ी में खोला डब्बा, गत्ते पर पंजे गड़ाए थे

ये क्या? काला कलूटा बदसूरत सा ये कैसा चूहा
ख़ैर विदेशी है ऐसा सोचकर पूसी ने धीरे से छुआ

सोचा अबकी बार इसका बेड़ा पार कर दूंगी
एक ही निवाले में इसे खाकर डकार लूंगी

एकदम फुर्ती से किया पूसी ने माऊस का शिकार
नाखून तो टूटे ही ,टूटे ऊपर नीचे के दांत चार

पूसी बोली देसी ही अच्छे हैं चूहे.. खाने में मज़ेदार
विदेशी हैं सुस्त बेस्वाद, कहकर किया उसे खिड़की से पार

गधा राग

आज गबरू गधा था बहुत उदास
आख़िर कुछ भी तो ना बचा था उसके पास
सेहत थी अच्छी ख़ासी सूरत भी निराली थी
कल्लू कुम्हार की बेटी कम्मो से शादी हो जाए
बस इतनी सी ख़्वाहिश ही तो पाली थी

कल्लू उसे ख़ूब चाहता था तो कम्मो भी कुछ कम न थी
ज़िंदगी कट रही थी इत्मीनान से कहने को भी कमी न थी

दिन भर मेहनत करता गबरू शाम को गर हो जाती थकान
कल्लू के दो बोल फूंक देते उसके तन मन में प्राण

यूं तो अक्सर कल्लू चुप ही रहता किंतु
यदि क्रोध में भर जाता तो बस यही बात कहता

कम्मो या तो तू सुधर जा नहीं तो कुछ ऐसा कर दूंगा
सारी दुनिया देखती रह जाएगी तेरी शादी इस गधे से कर दूंगा

यह सुनकर गबरू फूला न समाता और ख़ुशी से रेंकने लगता
सास ससुर और पत्नी तीनों का प्यार मिलेगा,
ये उसे एक सुंदर सपना लगता

किंतु अफसोस! यह सपना ही निकला
दुनिया से उसका जी भर गया...
घर में कोई भी अपना ना निकला

उसकी समझ में कुछ ना आया कि कम्मो क्यों उसका हृदय तोड़ गई?
एक साधारण से मनुष्य के लिए इतने सुंदर गधे को छोड़ गई...

एक दिन सुबह शाम करके विलाप अगले ही पल लिया नया आलाप
बगल के मिश्रा मास्साब की है बड़ी पहचान
सुना है बड़े-बड़े गधों को उन्होंने बनाया है इंसान
उनके स्कूल में नाम अपना लिखाउंगा
ख़ूब पढ़ूंगा इंसान बनकर दिखाऊंगा

अगली सुबह निकला गबरू करके दृढ़ निश्चय
पीठ पे बस्ता, आंख पे ऐनक, मिटा के सब संशय

क्लास में जब पहुंचा तो मास्टर जी पढ़ा रहे थे
पर पता नहीं क्यों? सब बच्चे छुप छुप के कहकहे लगा रहे थे

करके नमन सकुचाते हुए गबरू ने इच्छा ज़ाहिर करी
बस्ते से कुछ हरी घास फीस के रूप में हाज़िर करी

पहले तो मास्टर जी ख़ूब हंसे, फिर करके कुछ ध्यान
बिठाया सबसे आगे क्लास में उसको कमज़ोर चेला जान

मगर कुछ ही दिन रहा गबरु का उत्साह और जोश
एबीसीडी, कखगघ, जाने क्या क्या रटके ठिकाने आ गए होश

दिन-ब-दिन बढ़ता गया बस्ता, बढ़ता गया बोझ
छोटे-छोटे बच्चे ढोते बस्ता गबरू देखता हर रोज़

बच्चों की हालत देखकर गबरू को बहुत दुख था
किंतु मासूमों के भारी बस्तों से लोगों को बहुत सुख था

और कुछ तो समझ ना आया मगर जान गया एक बात

मास्टर जी गधे को क्या इंसान बनाएंगे
वे तो अच्छे भले इंसानों को गधा बना रहे थे
बस वह था अनपढ़ और मास्टर जी पढ़े लिखे गधे बना रहे थे

बोझा उठाने में तो गबरू पहले से ही दक्ष था
पूरे विद्यालय में कोई ना उसके समकक्ष था

फेंक के बस्ता, फेंक के चश्मा गबरू भागा घर की ओर
उसने फैसला किया, भूल के भी ना देखूंगा स्कूल की ओर...

चमचे की आत्मकथा

एक रसोई में रहते थे बहुत से बर्तन
यूं तो रहते प्रेम से,
पर अक्सर हो जाया करती उनमें अनबन

कटोरी, थाली, कढ़ाई, प्लेट और गिलास
सब थे कामयाब पर चमचा[1] था बेहद ख़ास

चमचा बोला

कोई हमें चमचा कहे या कहे चाटुकार
माना हैं पक्के कामचोर, फिर भी हैं रौबदार

और लोग पतीले[2] से पूछते

ये शोर कैसा है? घर में बच्चे लड़ते हों जैसे बिल्कुल वैसा है
सब करते थे एक ही शिकायत कि
चमचे में ऐसा क्या ख़ास है?
जो हमारे पतीले के दिल के इतना पास है...

चमचे का था काम यही कि पहले पतीले को चढ़ाया जाए
उसकी शान में दिन-रात क़सीदे गाये जाएं

पतीला बोला सकुचाकर, थोड़े कंधे उचका कर
युगों युगों से पतीले का चमचे से मेल है
मीठा पके या तीख़ा चमचा पतीले के गैल है
सब बर्तन थे पतीले के अधीन
पर पतीला रहता चमचे संग लीन

सब ने पतीले को समझाया कि
चमचा किसी का सगा ना भाया
करता रहा सबकी बातों को अनसुना
पतीले की समझ में कुछ ना आया

चमचे के दिन तो मज़े में कट रहे थे
पर बेचारे बाकी बर्तन अंदर ही अंदर घुट रहे थे

धीरे-धीरे चम्मचें भी देने लगीं चमचे का साथ
न था मालूम उनको कि ये थी महाभारत की शुरुआत

गृह लक्ष्मी रोज़-रोज़ के चिल्लपौं से तंग थी
क्योंकि बाकी बर्तनों की चम्मच चम्मचों से जंग थी

कुछ सोच, कुछ समझ और करके कुछ विचार
अगले ही पल पतीले को किया रसोई से बाहर

पतीला ख़ामोश सा चमचे को ताकता रहा
किंतु चमचा बेफिक्री से बाहर झांकता रहा

दुखी कथन से सब ने पतीले को विदाई दी
गृह लक्ष्मी ने भी शाम को ही नई पतीली मंगा ली
सब ने सोचा अब तो चमचे का ऊंट पहाड़ के नीचे आएगा
नहीं जानते थे कि वह पहले से भी ज़्यादा चौड़ा हो जाएगा

किसी ने पूछा
क्यों भाई चमचा? पतीला गया और तुम्हारी
आंखों में नमी नहीं

मुस्कुरा कर चमचा बोला

इस दुनिया में पतीलों की कोई कमी नहीं..
पतीला गया तो क्या किंतु नई पतीली[4] आई है
और संसार में अपनी तारीफ किसे नहीं भाई है

उसकी भी हां में हां मिलाउंगा, उसे भी चने के झाड़ पर चढ़ाऊंगा
यूं ही काटूंगा मौज में जीवन और चैन की बंसी बजाऊंगा

कठिन शब्द : [1]चमचा = चापलूस, [2]पतीला: छोटा बॉस, [3]चम्मचें : चमचे के समर्थक, [4]पतीली = नया बॉस, [5]गृह लक्ष्मी: बिग बॉस

भोलू बंदर

भोलू बंदर बड़ा शैतान
आफत में थी सबकी जान

स्कूल में वो पढ़ता था
बिन बात के सबसे लड़ता था

फूलों को तोड़ता, बच्चों को छेड़ता
खींचता पूंछ कभी, बाजू दे मरोड़ता

सबने उसको बहुत समझाया
पर हरकत से वो बाज़ ना आया

घर का खाना उसे नहीं भाता था
इसीलिए मम्मी से पैसे लाता था

मारता डकार सबका टिफिन खाकर
बर्गर पिज़्ज़ा, मोमो खाता जाके बाहर

एक दिन भोलू चला गोलगप्पे खाने
ठेले पर पहुंचा तो थे बस आठ आने

आठ आने के गोलगप्पे चार
चार से तो मन भी ना भरेगा यार

तब भोलू ने अकल चलाई
सोचा कुछ, आंखें मटकाई

ठेले वाले को भगा दिया
मचा के धमाल चौकड़ी
ख़ूब खाए गोलगप्पे उसने
ख़ूब उड़ाई चाट पकौड़ी

भोलू का पेट इतना ज़्यादा भर गया
मोटा पेट लिए वो तो वहीं लेट गया

अब तो भोलू की शामत आई
जब जमकर उसकी हुई पिटाई

घर पहुंचा तो हुआ बुख़ार,
पेट दर्द और उल्टी आई
मां ने भी डांटा जमकर
कड़वी दवा और खिचड़ी खिलाई

भोलू ने फिर पकड़े कान
अब ना करूं किसी को परेशान
खाऊंगा मैं घर का खाना
जंक फूड को अब ना ना ना ना

हॉबी वर्सिज नौकरी

कभी मेरी भी हुआ करती थी हॉबी
मगर फिर क्या बताएं, लग गई नौकरी

जैसे पहले तो होती ही हैं जानू, सोना बेबी
पर फिर जहां भर से छंट कर आ जाती है बीवी

गर ग़ौर फरमाएं तो समझ आता है यही
हॉबी है प्रेमिका और नौकरी है बीवी सरीखी

नौकरी और हॉबी दोनों साथ कहां संभाल पाते हैं
पत्नी और प्रेमिका को विरले ही साध पाते हैं

कह गए बड़े बूढ़े, कह गए बड़े बड़े सयाने
जो धर ले नौकरी कस के, जन्म सफल तभी माने

वैसे भी हॉबी ने आदमी को दिया ही क्या है?
दो पल का सुकून, कुछ ख़्वाब और ढेर
सारा छलावा

नौकरी तो पत्नी जैसी, आदमी का हरदम बनती सहारा
कुछ क्लेश, लड़ाई के बदले देती जीवन भर साथ और गुज़ारा

नौकरी पत्नी सम देती एडवांस, बोनस और भत्ता
पर हॉबी पर ख़र्च करते-करते बैठ जाता भट्टा

फिर भी नौकरी की नज़र बचाकर हॉबी चली आती है
जैसे पति-पत्नी के बीच अक्सर वो घुस ही जाती है

यमराज की यात्रा

दूर, आकाश के पार यमलोक में सो रहे थे यमराज
मेनका कभी उर्वशी के सपनों में खो रहे थे महाराज

उनके भारी बोझ से चारपाई भी चरमराने लगी
"बचाओ बचाओ" खर्राटे भर्ती नाक से गुहार लगाने लगी
पुकार उसकी सुन श्रीमती यमराज चली आई
पति को फैल सोता देख क्रोध में उफनती आई

बस मेनका गाल सहलाने ही वाली थी
कि सिर पर ज़ोर से आघात हुआ
स्वप्न टूटा सो अलग मेनका की जगह
पत्नी को देख और वज्रपात हुआ

लंबी सांस ले हृदय पर हाथ रख, चुप क्रोध को पी गए
क्या हुआ प्रिये? झूठी मुस्कान धर पत्नी के हाथ धर लिए

पत्नी बोली
कितने दिन हो गए आप काम पर नहीं गए
सोते रहने वाले कितने ही इंद्र ने हटा दिए

मुस्कुरा कर बोले यम
डोंट वरी डियर, यम हैं हम, हम हैं यम
जनम बेशक रुक जाए धरा पर
रुक सकता कभी नहीं मरण
फिर मैंने तो इस कार्य के लिए प्रबंध कई लगा रखे हैं
कई बेरोज़गार चेले-चपाटे कॉन्ट्रैक्ट पर लगा रखे हैं

वो जो भी हो मैं कुछ नहीं जानती
यदि आज काम पर नहीं गए ना
तो ढूंढ लेना कहीं और शांति

और हां काम ख़त्म करते ही
शाम को जल्दी सीधा घर आना
बनाऊंगी मैं छप्पन भोग
खाएंगे परिवार संग खाना

फटे जूते सा मुंह लेकर गदा टांग चले यमराज
पौंड्रक भी खा खा कर हो रहा था भैंसा
खींचे उसके कान

थोड़ा कपड़ा मारा उस पर
काले रंग का लेप किया
तेल पिलाया सींगो को और
पूंछ के बालों को प्लेन किया

बही खाते में देखा
आज किसका नंबर है?
ये क्या
स्वस्थ मनुष्य को उठाना है
बड़ा भारी अचरज है

महिष की आंखों में भूगल चला चल पड़े यमराज
मुंह नाक पर हाथ रखते जैसे तैसे पहुंचे राजघाट

पीठ किए ट्रैफिक चालक के कंधे पर रखा हाथ
देखा सिपाही ने घूरकर बोला कुछ घड़ी रुक कर

अरे ओ महाराज यहां कहां चले आ रहे
नाटक की मंच मंडली छोड़ भैंसे पे चले आ रहे

पुत्र पहचानो हमें हम हैं यम, यम हैं हम
मर चुके हो तुम
शव देखो धरती पर, मनाओ अब मातम

कुछ क्षण तो निज शव देख सिपाही को धक्का लगा
इंसान तो गंजे को बेच दे कंघी, ये सोच हृदय पक्का किया

मुझे हो गया हार्टअटैक आपके भयानक रूप का कमाल है
आख़री ड्यूटी शेष रह गई मेरी जीवन में बस यह मलाल है

सिपाही की कर्मठता देख यमराज की आंखें भर आई
अंतिम इच्छा उसकी मानकर आत्मा उसकी लौटाई

खड़ा होकर तुरंत सिपाही अपनी फॉर्म में लौट आया
बदला उसका रूप देखकर यमराज का सिर चकराया

नंबर प्लेट दिखाओ वाहन की, ड्राइविंग लाइसेंस और आरसी
इंश्योरेंस और पीयूसी भी निकालो आउटडेटेड है यह महिष जी

ऐसे अतरंगी नाम सुनकर यमराज के तो तोते उड़ गए
अंतिम इच्छा पूरी करने के चक्कर में हाथ उनके जुड़ गए

यदि मैं यह सब ना ला सका तो क्या होगा
थोड़ा बहुत दंड लगा लो वत्स कार्य तुम्हारा सिद्ध होगा

तो फिर दे दो सब मिलाकर रुपए पचास हजार
ज़ब्त कर लेंगे हम वाहन पैदल जाओ अपने घर द्वार

लाल हुई आंखें महिष की... यमराज को देख गुर्राने लगा
शाम होती देख उनको उसमें पत्नी रूप नज़र आने लगा
सारा देवत्व अपना छोड़, हाथ सिपाही के आगे जोड़
यम गिड़गिड़ाए

क्या और कोई रास्ता नहीं यमलोक जाने का कुछ तो करो उपाय
जाना है तो मुकुट रख चुप चले जाओ दोबारा यहां मत आना
पड़पोते के मुंडन पर उचित कारण ले आत्मा लेने मेरी आना

मुकुट गवाए, नींद गवाए, मुंह बनाये यम चले
सच ही कहते हैं इंसान से कभी किसी का पाला ना पड़े

कोरोना काल

आज़ादी की क़ीमत

मनुष्य जन्म से ही आज़ाद है...
कुछ भी पाने को,कुछ भी करने को

किंतु कुछ पाने अथवा कुछ करने से
उसका पेट भर सकता था नीयत नहीं

उसने पंच भूतों का रक्षण नहीं दोहन किया
पशु पक्षियों का पोषण नहीं शोषण किया

धरा, आकाश, जल जगह नहीं कोई सी
जहां लोभी दृष्टि पुरुष की गई हो नहीं

आज़ादी निःशुल्क मिलने वाली चीज़ नहीं
वह अपने साथ लाती है उत्तरदायित्व भी

विवेक और धैर्य से प्रयोग करें यदि आदमी
तभी चुकती है आज़ादी की क़ीमत सही

संभवतः इसीलिए दूसरों की आज़ादी छीनने वाला
अपने घर में बंद रहने को आज विवश है आदमी

वजह यह न होती

ख़ूबसूरत लगती हैं ख़ाली सड़कों पर दौड़ती गाड़ियां
पर काश! सड़कों के ख़ाली होने की वजह ये न होती

बातें आज भी होती हैं लंबी चौड़ी उनसे फोन पे
काश! मुलाक़ात की जगह ये न होती

सुनसान पड़े हैं दुकान, बाज़ार मेले सब, फिर भी
आटे दाल भरने की ज़रूरत ख़त्म ये न होती

एकाध गली बस दूर, नाच रही मौत नंगी होकर
दबे पांव आती गर तो दहशत ये न होती

भूख की मौत आसान है या बीमारी की
लाखों ग़रीबों की कशमकश ख़त्म ये न होती

जान हथेली पर रख पैदल ही चल पड़े घरों को
अपनों के बीच मरने की गर तड़प ये न होती

शव तो होना ही है हर किसी को हे शिव!
किंतु हर सांस के लिये जद्दोजहद ये न होती

कोरोना काल

चारों तरफ हाहाकार, फैला ख़ौफ का मंज़र है
क्या गली, क्या कूचे, क्या गांव गांव, शहर है

सांस लेना भी जैसे आज मुश्किल काम हुआ
लुटने लगी सांसे, ख़ज़ाना सांसो का तमाम हुआ

शायद आज इंसान जान पाए पानी से निकाली हुई
मछली की तड़प, एक-एक सांस के लिए जद्दोजहद
सांस ना ले पाने पर ज़िंदगी की डोर छूटने की कसक

बेबस जीवन, मौत का नंगा नाच हो रहा घर घर है
अस्पताल, दवाई ना बची ऑक्सीजन ज़रूरत भर है
दाह की बाट जोहते शव, शमशान से आई यह ख़बर है

टूटे बिखरे हौसले लिए फिर भी भटक रहा इंसान दरबदर है
अंतिम समय में भी इंसान को इंसान बने रहने की ज़रूरत मगर है!

शिकायत

सन्नाटा है चारों ओर, क्या यही ख़ौफ ए क़यामत है
इंसान इंसान से डरने लगा आई कैसी आफ़त है

ज़िंदगी भर जोड़े माना तुमने सोना चांदी रुपए
पर तुम्हारी जान के बदले उनकी क्या क़ीमत है

उन चंद रुपयों से ख़रीद सकते हो केवल इलाज
ज़िंदगी मिले या मौत ये तो ख़ुदा की नियामत है

रोटी के चंद टुकड़े ग़रीब के लिए भी रखना
इस मुश्किल वक़्त में यही सच्ची इबादत है

छोटी पड़ रही थी दुनिया, शहर सपाटे को
घर को दुनिया बना लेना आज की ज़रूरत है

मौत जिसे आनी हो, बेशक आएगी ही
बेवक़्त बेक़सूर को आए, बस इतनी शिकायत है

प्रार्थना

गले ना लगाना यदि प्रेम हो तो
कहीं बीमारी गले ना पड़ जाए

हाथ न मिलाना किसी से दोस्ती हो तो
कहीं दोस्त से हाथ धोना ना पड़ जाए

पास न जाना, यदि इंसानियत हो तो
कहीं इंसानों से ही दूर ना हो जाओ

मतलबी ना बनना परीक्षा की घड़ी में
कहीं हर बात बेमतलब ना हो जाए

एसिड अटैक

अंत नहीं आरम्भ

अंत नही कर सकती बूंदे ये तेज़ाब की
उसकी जिजिविषा और संघर्ष अभी बहुत है

पृथ्वी पर आने के पहले ही क्षण से
जीवित रहने को जो संघर्षरत है

उसे कैसे मिटा सकता है तू
जिससे तेरा स्वयं अस्तित्व है

अधिक से अधिक डाल सकता था तेज़ाब तू
कुरूप हो कर भी वो ख़ूबसूरत है

उसकी सूरत, उसका ज़मीर, उसका जज़्बा
पर खोकर भी आसमां छूने की ताक़त है

जिसे तूने सोचा अंत उसका, एक नई शुरुआत है
पहचान खोकर भी पहचान बनाती उसकी शख़्सियत है

हार नहीं मानेगी

जीत लिया पुरुष ने ये ज़मीं ये आसमां
पर भला अब तक हारना सीखा कहां

विशेषकर जब कोई ठुकरा दे उसका प्रणय निवेदन
क्योंकि सदा से समझा उसने स्त्री को भी निजी धन

और एक दिन हृदय मे प्रेम की जगह भर जाता तेज़ाब
उगल जिसे स्त्री पर चुका देता उसकी न का हिसाब

कुछ देर की तस्सली और सुकून के लिये छीन लिया सब कुछ
मौत से भी बद्तर ज़िंदगी बना, झुलसाया जिस्म, कर दिया कुरूप

छीन लिया उसके जिस्म से मांस, गला दी हड्डियां,
आँख, नाक, कान सब बहा दिये तेज़ाब की धार मे,

तूने सोचा तेरी न हुई तो किसी और की भी न होगी,
स्वीकार कर लेगी दुर्भाग्य अपना, बस परदों मे रहेगी,

पर तू भूल गया, आदमी की जननी उससे क्यों कमज़ोर होगी,
तुझे ऊँगली पकड़ चलाने वाली, क्यों घरों मे गुम होगी,

जो मौत से भी कई बार जूझी है, हार भला कहां मानेगी,
जिस्मों से परे सोचने वाले भी हैं इस दुनिया मे, हाथ उसका थामेगी...

अनसुनी चीख

सुनी नही है चीख़ किसी ने उसकी
सुनसान सी हो गई है दुनियाँ उसकी

बिगड़े हुए चेहरे और झुलस गये अंगों के साथ
सिसकते, छुपाते बीताते दिन, जलन मे जागते बीतती रात

उसके बस एक क़दम से, बस एक दिन में
फेंक कर तेज़ाब उसपे, बदतर कर दिये हालात

कैसे भला जान सकता है कोई उसकी आप बीती
एक बूंद गरम पानी से जली चमड़ी भी बेचैन कर देती है

जब बिना चेहरे, बिन पहचान के जीना पड़ता है,
खुद को आईने मे देखकर डर जाना पड़ता है

बस बचे हुए को समेट के आगे बढ़ना पड़ता है
अपमान घृणा झेल के भी ख़ुद के लिये हँसना पड़ता है

जब ख़ुद के बचे खुचे मांस से उठती है बदबू,
कभी ख़ूबसूरत रही देह अब देख थमते नही आंसू

रोते बिलखते, दर्द झेलते मांगती है यही दिन रात
हे प्रभु लपटों मे वह भी जलकर हो जाये राख

आईने से परे

आईना तो पहले भी तो देखा था बहुत बार
पर चेहरे से परे कुछ देख न पाई

ठीक तेरी तरह जिसने मेरे जिस्म को ही मेरा अस्तित्व जाना
उसे पाने के लिये कितने जतन किये कितने किये उपाय
कभी राह मे पीछा कर दिये गुलाब तो कभी डराया धमकाया

फिर एक दिन

हाथ मे पकड़ा गुलाब जाने कब बन गया तेज़ाब...
जिसने पहले तेरे भीतर के इंसान को जलाया
बाद मे मेरा शरीर झुलसाया

अब भी आईना देखती हूँ
पर चेहरे से परे कुछ और खोजा करती हूँ

चेहरे के बिन तो जी भी लूँ शायद
पर बिना हृदय तू कैसे जी पायेगा

तेरे लिये तो पहले भी न बनी थी मैं
पर अब तू ख़ुद का भी कहां रह पायेगा...

छोटी कविताएं

बुनियाद

हर तंज़ सह के, करके हर फ़रियाद हम निकले
मकान से ग़ैरों की तरह, तुमको कर आबाद हम निकले
जहां समझा ना गया महज़ एक पत्थर भी हमें
मेरे जाते ही भरभराकर गिरे खंभे कई
खिड़की, दरवाज़ा, दीवार नहीं
उस मकान की बुनियाद हम निकले

कविता

तुक कहां ढूंढते हो मुझ में साहब
मतलब ही संभाल पाओ तो बहुत
मैं आज के दौर की कविता हूं
तुम्हारे उसूलों से आज़ाद हो चुकी हूं

एक प्रेमी के तौर पर...

मैं नहीं कहूंगा, कुछ उथले शब्द
बल्कि तुम्हें दूंगा, अंतर्तम मौन

मैं य़कीं नहीं दिलाऊंगा तुम्हें चाहने का
मरकर भी, या सूरज चांद जहां रहने तक

उसके बजाय, मैं तुम्हें चाहूंगा तब तक
जब तक कि तुम चाहोगी, चाहे जाना!

आस्था

तू उसे माने
मैं इसे मानूं

पर क्या ज़रूरी है?
जिसे तू माने
उसे ही मैं मानूं

मंज़िल तो एक ही है
एक रास्ता तू जाने
एक राह मैं भी जानूं!

एक सितारा

अंबर तेरे आंचल में
एक सितारा मेरा भी था
तेरे पास तो चांद भी है
छुपा कर तारों की भीड़ में
क्या मिला छीनकर मुझसे
तिनके का सहारा मेरा भी था

चुनाव

जंगल में शेर के वक़्त बेवक़्त
के शिकार से परेशान होकर
जानवरों ने एक बैठक बुलाई
और जनतांत्रिक चुनाव द्वारा
शेर को अपना राजा चुन लिया!

ENGLISH POEMS

TENANT ON EARTH

I recide in the rented one
because I love to live on rent

same way when I come on earth
every time when I change house

I feel new and fresh beginning
but netizen leave their presence

in the bricks and stones of the walls
I like to leave little of myself too

each time in a new room of house
as I know house can be searched

but homes means... family forever

MISSING CHILD

I wandered as lonely as missing child
on the busy roads of life

every Street is full of stranger
at each step I ingulf danger

I forget my address, parents too
for a lonely me I need a kind like you

I am bound to roam here alone
till I get my destination, my home

FEAR

Everybody has a fear
which always stays near

either you open or close your eyes
it never let you stay calm otherwise

with many shapes, sizes and faces
it persists in all the creeds and races

Be it of water, fire, ghost or shock
or from height, loneliness or dark

mines are little bit different
illness and poverty are my fear

these two too difficult to handle
May God, don't give them to dear people!

A TEACHER

A teacher is an adorable creature
sometimes becomes a preacher

to make you successful and richer
to give knowledge and to nurture

like pole star in sky for your future
to show you right path it's his nature

FISTFUL OF WORDS

Apart from this fragile life
all I have just fistful of words

these too... old and very common
some of them deep and rare too

to write like never before, is impossible
also, the sound of words is damn feeble

but still like the rhythms of the songs
I will play music with the words... lifelong!

A TO Z POEM

A bird can dance endlessly
for getting hay in jungle

knits, loves making nest on plants
quietly rests, please there

ultimately vacant with
Xantippe youthful zing!

A CHAT

At a fine sunny morning
an angry kid sat in the garden
*
as he has to leave sweet dream
daily he used to cry and scream
*
but that day he saw many beautiful flowers
the child impressed with their beauty and freshness
they all seem to happy and loaded with fragrance
*
how can you be so joyful and full of life
don't you love your sleep and dreams?
*
no we all love to see sweet dreams
but we live the life fullest with joy
so that the kids, men women, bird animals everyone
Cheer with smile, happiness and enjoy
*
you too are bright like us
so you laugh, smile and play so that rest of world will
delight to see you anyway

चंद अल्फ़ाज़
(कोट्स)

रहने दो चंद चेहरे ख़ुद से ख़फा भी...
सबको ख़ुश रखने के लिए ज़िंदगी छोटी बहुत है !

ठहर गया है तुझ पर ही, ना जाने क्यों सफर मेरा ?
तू बारिश बनकर आया है मुसाफिर की राह में !

ईश्वर को ना मानना,
ईश्वर को मानने की दिशा में पहला क़दम है

हंसी चेहरों के पीछे भागने वाले जान लें
बेहद ख़ूबसूरत फूलों में ख़ुशबू नहीं होती !

देख कर तुझे अब, बस में नहीं दिल मेरा
कब तक नया नोट बटुए में छुपाया जाए ?

किसी की नज़र ने पत्थर में भी भगवान देखा
और
किसी ने इंसान में भी इंसान भला कहां देखा ?

अपने साये से भी क्या उम्मीद करूं साथ निभाने की
उसकी फ़ितरत है सांझ से पहले ही हाथ छुड़ाने की

परिवार बचाए रखने के लिए आदमी को क्या-क्या करना पड़ता है?
फूल को भी तो माला बनने के लिए ज़ख्म दिल पर उठाना पड़ता है

तुम्हें ऊंचे पहाड़ों को देखकर आश्चर्य होता है
मुझे पहाड़ों का हृदय चीर कर पनपे पौधों को देखकर

रात की ठंड की डिग्री वह अनपढ़ भी जान सका
जब साथ सोया भिखारी सुबह ना जाग सका

एक मंज़िल और बनाकर उसने किसी के हिस्से की धूप चुरा ली!

आईने से बड़ा ईमानदार भला कौन होगा?
हीरे भी जड़ दो तो, सच ही दिखाता है

जो एक में नहीं मिला, वह क्या मिलेगा हज़ारों में
ख़ुद से ही ख़ुश नहीं, तो क्या ढूंढते हो बाज़ारों में

वो बरसों के याराने, बरसों पुराने हो गए
बचपन के मासूम दोस्त, बड़े होकर बड़े सयाने हो गए

कितने ही छुपा ले ग़म तू अपनी मुस्कुराहट में
हमको है मालूम... समंदर गहरे में उदास होता है

हर कोई जुड़ा है यहां हर किसी से बस...
दूरी नामालूम बना रखी है 'उसने'

अगर ग़लत सहकर भी कर लिया समझौता
तो अगला समझौता और बड़ी क़ीमत पर होगा!

मज़दूर का हक़ तो अमीरों की बढ़ी हुई तोंद की चर्बी
के रूप में इकट्ठा होता रहता है

मर्ज़ जब पीछे पड़ जाता है...
तो मरीज़ उससे दोस्ती कर लेता है

मुसीबतें बेसब्र सी... कोशिशें बेअसर सी
ख़्वाहिशें बे हिसाब पर ज़िंदगी मुख़्तसर सी

छोड़कर 'मै' को कितने ही सूफी बन गए
चाय के शौक़ीनों से परहेज़ तक ना हुआ

सफर ए मंज़िल हर किसी का अलग-अलग निकला
कोई तो ताउम्र भटका और कोई घर से भी ना निकला

रोटी कमाने में मशगूल, खिलौने भूलता जाता है
वह बच्चा रोज़ ज़रा ज़रा बचपन बेचता जाता है

'कौशल' कहत निधि प्रेम की, जानो जल के समान
बंद मुट्ठी में ना रुके, अंजुरि भर भर कर लो पान

तुझसा ही हुआ जाता हूं...मुरीद तेरा बनकर

बिना शक्लो सूरत जाने ख़ुदा ढूंढने चला हूं
मैं आदमियों की भीड़ में इंसान ढूंढने चला हूं

वज़न तेरी उम्मीदों का ज़्यादा था बहुत
बेचारा इश्क़ मेरा उसे उठा ना सका

ख़ुद परस्त है इंसान क्यों ?राज ये आज समझ में आया है
उसे बनाने वाला ख़ुदा ही कब ख़ुद से जुदा हो पाया है

मलाल न रख कि किसी को क़दर नहीं तेरे हुनर की
कबाड़ में यूं भी हीरे बेचे नहीं जाते

क़ैदी तेरे इश्क का मंज़ूर है मुझे बनना
बस दरवाज़ा खुला मेरे पिंजरे का रखना

बुझ जाती है रौशनी ख़ुद ब ख़ुद महफिल में तेरे आने के बाद
निकलता है चांद भी आसमान में दबे पांव, तेरे सो जाने के बाद

दिल की बात ज़ुबान पे लाने से डरने लगे हैं
शायद दिल में भी वो दिमाग रखने लगे हैं

प्रेम में मजनू नहीं, इमरोज़ बनना
शाहजहां नहीं, दशरथ मांझी बनना

मकान ए दिल को घर समझ कर बसता है कोई कोई
बाकी तो आते जाते हैं हैसियत से किराएदार की

दिल के बेहद क़रीब रहने वाले भी
दिल के जज़्बातों से अनजान रह जाते हैं
जैसे पास से कहीं पहुंचने वाले
अक्सर देर से आ पाते हैं

सूख गया है जिक्र मेरा किताब में तेरी, किसी फूल की तरह
तू आज भी मेरे ज़हन में हरा है किसी ज़ख्म की तरह

हाथों में हाथ डाले साथ चल रहे थे ज़िंदगी के सफर में
क़द उसका ऊंचा बहुत हो गया, हाथ और साथ दोनों छूट गए

सच है, सबको सब, कहां देता है रब?
पर सबसे सब आख़िर संभलता भी है कब?

आज सच है, कल कहानी
चार दिन की है जवानी

आग तू है मैं हूं पानी
एक दिन तो है बुझानी

बुढ़ापा कट रहा यादों के दम पर ही
गिला इतना मगर है, यादें कम जोड़ीं

***

www.ingramcontent.com/pod-product-compliance
Lightning Source LLC
LaVergne TN
LVHW060619051026
849519LV00002B/672
* 9 7 8 9 3 6 9 3 9 9 3 6 9 *